MARIN MONTAGUT

SOUVENIRS DE PARIS FAITS À LA MAIN

MARCHAND D'OBJETS EN TOUS GENRES

À PARIS
48 RUE MADAME

MARIN MONTAGUT
100 WRITING & CRAFTING PAPERS

マラン・モンタギュ 100枚レターブック

SOUVENIRS DE PARIS
FAITS À LA MAIN
48

マラン・モンタギュの歴史

パリ左岸、かつて文豪たちが愛したカフェのあるサンジェルマン・デ・プレ界隈は、
パリの中でもひときわ文化的で、穏やかな空気が流れています。
パリを愛する人たちが世界中から足を運ぶ「マラン・モンタギュ」は、リュクサンブール公園にほど近い、
マダム通り48番地にたたずむ雑貨店。深緑色のファサードと縞模様のひさしが目印で、
季節ごとに美しく飾られるショーウインドウが、日々、道行く人々の目を楽しませています。
このお店を手がけるイラストレーターのマラン・モンタギュは、両親は骨董商、祖父母は芸術家という
アーティスティックな環境で生まれ育ちました。故郷である南仏トゥールーズを離れ、
19歳でパリへ上京したとき、「一瞬にしてパリに恋した」と語る彼の、
ポエティックでやわらかな色合いの水彩画には、愛する街への想いがつまっています。
そこには、パリに恋い焦がれる私たち日本人の気持ちと響き合う何かがあるように感じられます。
自身の名前を冠したお店には、吹きガラスのグラスやアトリエで丁寧に作られる絵皿、
表紙がかわいいノートや紙箱、パリの風景を描いたスカーフなど、
彼のイラストをあしらったさまざまなものたちが、天井まで届く木棚に並んでいます。
パリならではのモチーフをかたどったオブジェが飾られた壁や、ガラスケースに陳列された
マラン・モンタギュお気に入りのアンティーク雑貨を眺めていると、
まるで彼の自宅を訪れているかのような感覚になります。
本書では、そんなパリへの愛があふれる「マラン・モンタギュ」の世界観を象徴する50柄を収録し、
パリの空気をそのまま閉じ込めたような1冊に仕上げました。
大切な人への手紙、小さなギフトのラッピングなど、
日常のいろいろな場面をやさしく彩ってくれるはずです。

2. VERRERIE ガラス

パリのアトリエで作られているガラス製品は、吹きガラスひとつひとつに、手作業で絵付けがほどこされています。シンプルなグラスから脚付きのゴブレット、お皿、カラフ、花瓶まで、薄水色をした吹きガラス特有の色合いに、手描きならではの温かみのある文字やイラストが組み合わさり、同じ形や絵柄でも、それぞれに個性的な魅力があります。普段使いのものこそ、ポエティックであってほしいと願うマランらしいアイテムです。

1. PORCELAINE 磁器

マラン・モンタギュのイラストをプリントした磁器たちは、ブランドを代表するアイテム。エッフェル塔をはじめ、クロワッサンとエスプレッソ、メトロのエントランスゲート、マダム通りのネームプレート、リュクサンブール公園の緑色の椅子やカフェの籐椅子といったパリらしいモチーフのほか、季節の花々や果物、手の上に描かれたハートや四葉のクローバーなど、毎日を楽しく彩ってくれるお皿やボウル、カラフがそろいます。

4. PAPETERIE

文房具

マラン・モンタギュのイラストを表紙にした160ページのノートは、18世紀に作られていた手帳へのオマージュとして、伝統的なパリの印刷所の技術を用い、ページにゴールドの縁取りをほどこしたこだわりの逸品。お部屋に手軽に飾れるポストカードは、パリのおみやげとしても人気です。どんな場所にも水彩絵具を持ち運べるコンパクトなメタル缶パレットは、携帯用の筆付きで、ロングセラー商品。14色と26色入りの2種類あります。

3. DÉCORATION インテリア雑貨

訪れる誰もが「こんなお部屋で暮らしてみたい」と憧れるほど、すてきな空間が広がるマランのお店。パリの街角を描いたポスターやイラストを立体的にあしらった額装など、心くすぐられるさまざまな雑貨が並び、見ているだけで物語の中に迷い込んだような気持ちになります。まるで本のような「Livre à secrets（秘密の本）」は、実は鍵のついた小箱。大切なものをそっとしまい、本棚に並べて隠しておける、遊び心あふれるオブジェです。

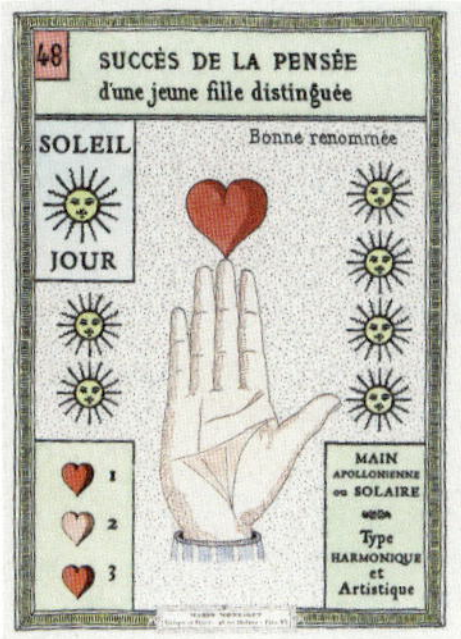

5. TEXTILE

テキスタイル

インテリアのアクセントになるクッションカバーや、ワンポイントの刺繍がほどこされた麻のテーブルナプキン、台所仕事に欠かせないキッチンクロスなど、日々の生活のいろいろなシーンで、マラン・モンタギュのやさしい色合いの水彩画が元気を与えてくれます。また、シルクスカーフや刺繍ワッペンといったおしゃれ小物もあり、家の中だけでなく、身につけてお出かけできるアイテムがあるのもうれしいです。

6. FRAGRANCE フレグランス

好きな香りで生活空間を「飾る」ことも、マラン・モンタギュが大切にするフランス流ライフスタイルの一部です。5つの香りがそろうアロマキャンドルは、吹きガラスの容器とそれぞれのアロマにちなんだ繊細なイラストのラベルが美しく、置くだけで絵になります。香水の村グラースで調香されたオー・ド・パルファンは、暖かな地中海を思わせるフレッシュな香りで、心をそっと穏やかにしてくれます。

MOTIF
INDEX

モチーフ・
インデックス

1.

Paris Je t'aime
パリ・ジュテーム

2.

Maison du Bonheur
幸せの家

3.

Chaise du Jardin de Paris
パリの公園の椅子

4.

Jardin de Paris
パリの公園

5.

Saint Germain des Prés

サンジェルマン・デ・プレ

6.

Cœur sur la Main

手の上のハート

7.

Le Chat

猫

8.

Château Amour

愛の城

9.

Roi de Cœur

ハートのキング

10.

Amitié

友情

11.

Le Chat & les Anges
猫と天使

12.

Objets en Tous Genres
オブジェいろいろ

13.

Papier Cadeau
ラッピングペーパー

14.

Paris
パリ

15.

L'Eau Douce
スイートウォーター

16.

Paris Mon Amour
パリ・モナムール

17.

Le Paris Merveilleux
パリのすてきなものたち

18.

L'Heure du Thé
ティータイム

19.

Café, Métro et Croissant
カフェとメトロとクロワッサン

20.

Fleurs de la Maison du Bonheur
幸せの家の花

21.

La Montgolfière
熱気球

22.

Petits Cœurs
ハート

23.

Chaise et Fleurs
椅子と花

24.

Matériel pour Artistes
画家の道具

25.

Gamme de Couleurs
カラーパレット

26.

Le Jeu de Tarot
タロットカード

27.

Le Jeu de Tarot
タロットカード

28.

Constellation
星座

29.

Ciel de Paris
パリの空

30.

Polyèdre - Rouge
多面体（赤）

31.

Chandelier
燭台

32.

Rose Pierre de Ronsard
ピエール・ド・ロンサール

33.

Frise Florale
花飾り

34.

Paris Je t'aime
パリ・ジュテーム

35.

Maison du Bonheur

幸せの家

36.

Le Marais

マレ

37.

Montmartre

モンマルトル

38.

Cœur sur la Main

手の上のハート

39.

Beaux Arts

ボザール

40.

Boutique de Marin Montagut

マラン・モンタギュの店

41.

Oiseau Bleu

青い鳥

42.

Fox Terrier

フォックス・テリア

43.

Sphère Armillaire

天球儀

44.

Polyèdre - Bleu

多面体（青）

45.

Constellation de la Vierge

乙女座

46.

Constellation du Gémeaux

双子座

47.

Constellation
星座

48.

L'Eau Douce - Ciel
スイートウォーター（空）

49.

Coquillages
貝殻

50.

Grappes de Raisin
ぶどう

MARIN MONTAGUT
100 WRITING & CRAFTING PAPERS

マラン・モンタギュ

デザイナー・イラストレーター。世界中を旅しながらイラストレーターとして活躍し、
2020年にパリでライフスタイルブランド「マラン・モンタギュ」をスタート。
やさしくポエティックなイラストが描かれた磁器、文房具、インテリア雑貨などの数々は、世界中のファンを魅了している。

www.marinmontagut.com
Instagram : @marinmontagut

2026年 4月15日　初版第1刷発行

イラスト　マラン・モンタギュ

デザイン　佐藤美穂（PIE Graphics）
コーディネート・文章　トリコロル・パリ（荻野雅代 / 桜井道子）
編　集　長谷川卓美

発行人　三芳寛要
発行元　株式会社パイインターナショナル
〒170-0005 東京都豊島区南大塚2-32-4
TEL : 03-3944-3981　FAX : 03-5395-4830
sales@pie.co.jp

印刷・製本　アベイズム株式会社

ISBN 978-4-7562-5997-4 C0070
Printed in Japan

〈使用上の注意〉
- ページをしっかり開き、紙をゆっくり引っ張るとよりきれいに剥がれます。また、製本には十分配慮しておりますが、紙を剥がしやすくする仕様上、繰り返し開閉することで、本体から紙が剥がれる場合がございます。
- ご使用の筆記用具によっては、インクがにじんだり、乾きにくい場合がございます。

「100枚レターブック」特設サイトでレターブックの取扱店舗一覧、使い方を紹介した連載などをご覧いただけます。最新情報をお届けするメルマガもぜひご登録ください。

PIE International Inc.
2-32-4 Minami-Otsuka, Toshima-ku, Tokyo
170-0005 JAPAN
international@pie.co.jp
www.pie.co.jp/english

ISBN978-4-7562-6134-2 (Outside Japan)
Printed in Japan

PARIS
JE T'AIME

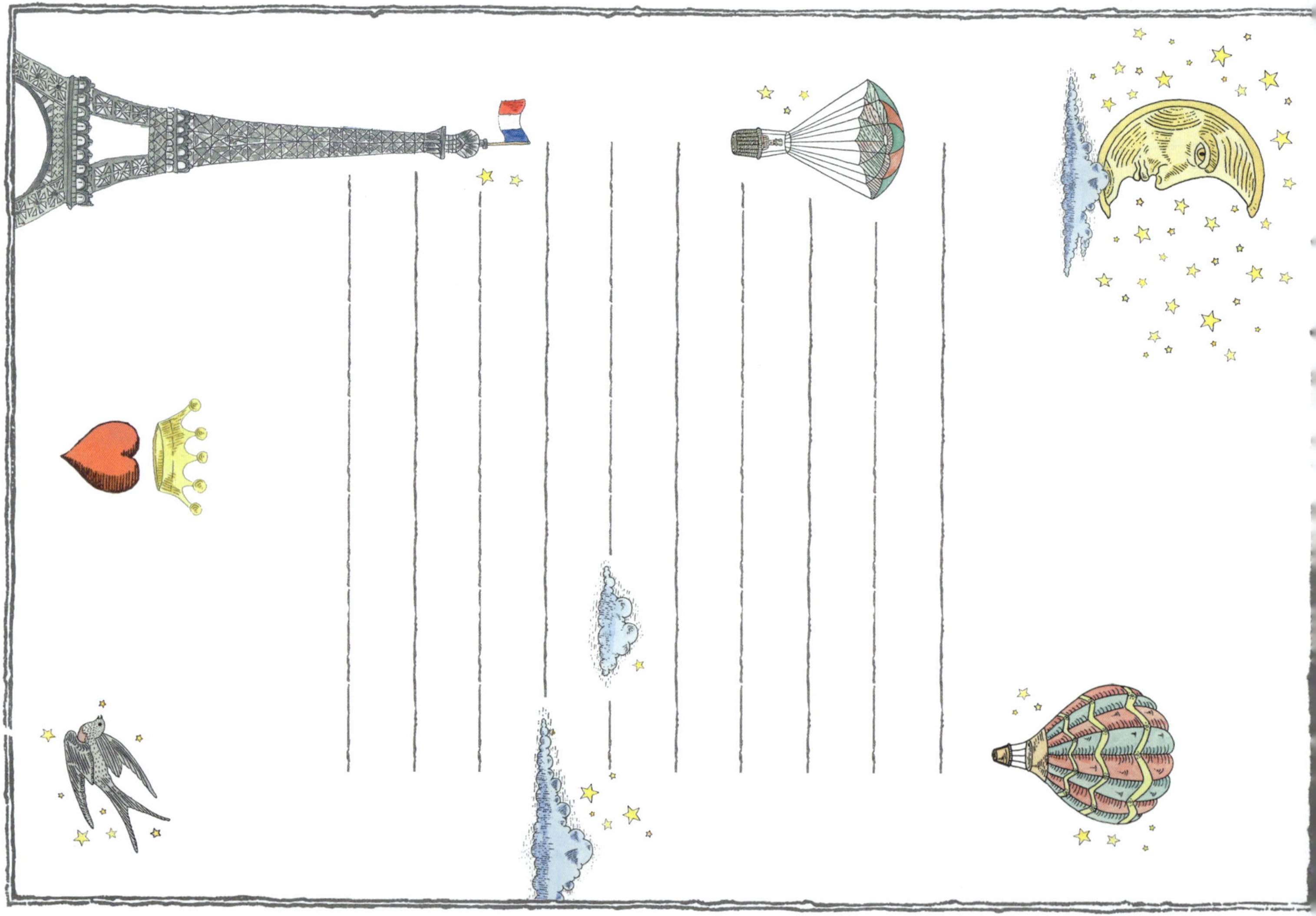

La maison du bonheur
MARIN MONTAGUT
48 rue Madame - Paris VI

MARIN MONTAGUT
48 rue Madame - Paris VI

LE JARDIN
DE
PARIS
MARIN MONTAGUT
48 rue Madame - Paris VI

MARIN MONTAGUT
48 rue Madame - Paris VI

JARDIN
DE
PARIS
Fig 1
- Le Glacier -
Fig 2
- Le Moulin à Vent -
Fig 3
25
- Le Voilier -
Fig 4
- L'Oranger -
Fig 5
- Les Ruches -
Fig 6
- Les Cosmos -
Fig 7
- La Chaise Sénat -
MARIN MONTAGUT
48 rue Madame - Paris VI

MARIN MONTAGUT
48 rue Madame - Paris VI

Saint-Germain-des-Prés
Fig 2
Astronomie
- Les Bouquinistes -
Fig 3
- L'École Nationale
Supérieure
des Beaux-Arts -
Fig 1
Café de Flo
- Le Café de Flore -
METRO
Fig 5
- Le Métropolitain de
Saint-Germain-des-Prés -
Fig 6
Fig 7
- Le Musée
Eugène Delacroix -
MARIN MONTAGUT
- La Fontaine
Wallace -
Fig 4
- Marin Montagut -
MARIN MONTAGUT
48 rue Madame - Paris VI

MARIN MONTAGUT
48 rue Madame - Paris VI

48
SUCCÈS DE LA PENSÉE
d'une jeune fille distinguée
SOLEIL
JOUR
Bonne renommée
1
2
3
MAIN
APOLLONIENNE
ou SOLAIRE
Type
HARMONIQUE
et
Artistique
MARIN MONTAGUT
48 rue Madame - Paris

MARIN MONTAGUT

48 rue Madame - Paris

LE
CHAT

A R
M U
O
M U
A R
PARIS
MARIN MONTAGUT
48 rue Madame - Paris VI

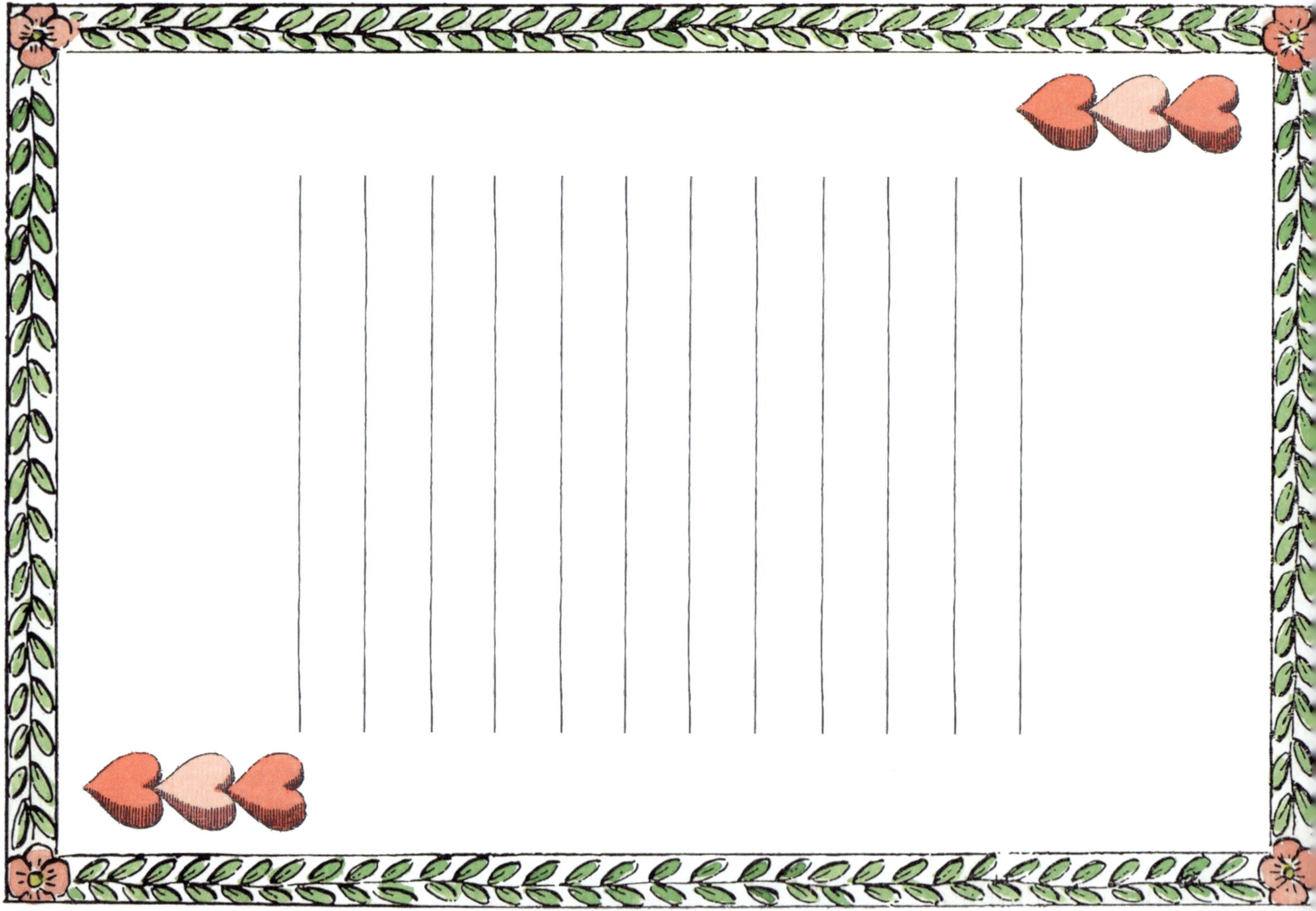

ROI DE
COEUR
MARIN MONTAGUT
48 rue Madame - Paris VI

AMITIÉ
MARIN MONTAGUT
48 rue Madame - Paris VI

LE CHAT
MARIN MONTAGUT
48 rue Madame - Paris VI

LE CHAT

AU 48 RUE MADAME À PARIS

MARIN MONTAGUT

MARCHAND D'OBJETS EN TOUS GENRES

SOUVENIRS DE PARIS FAITS À LA MAIN

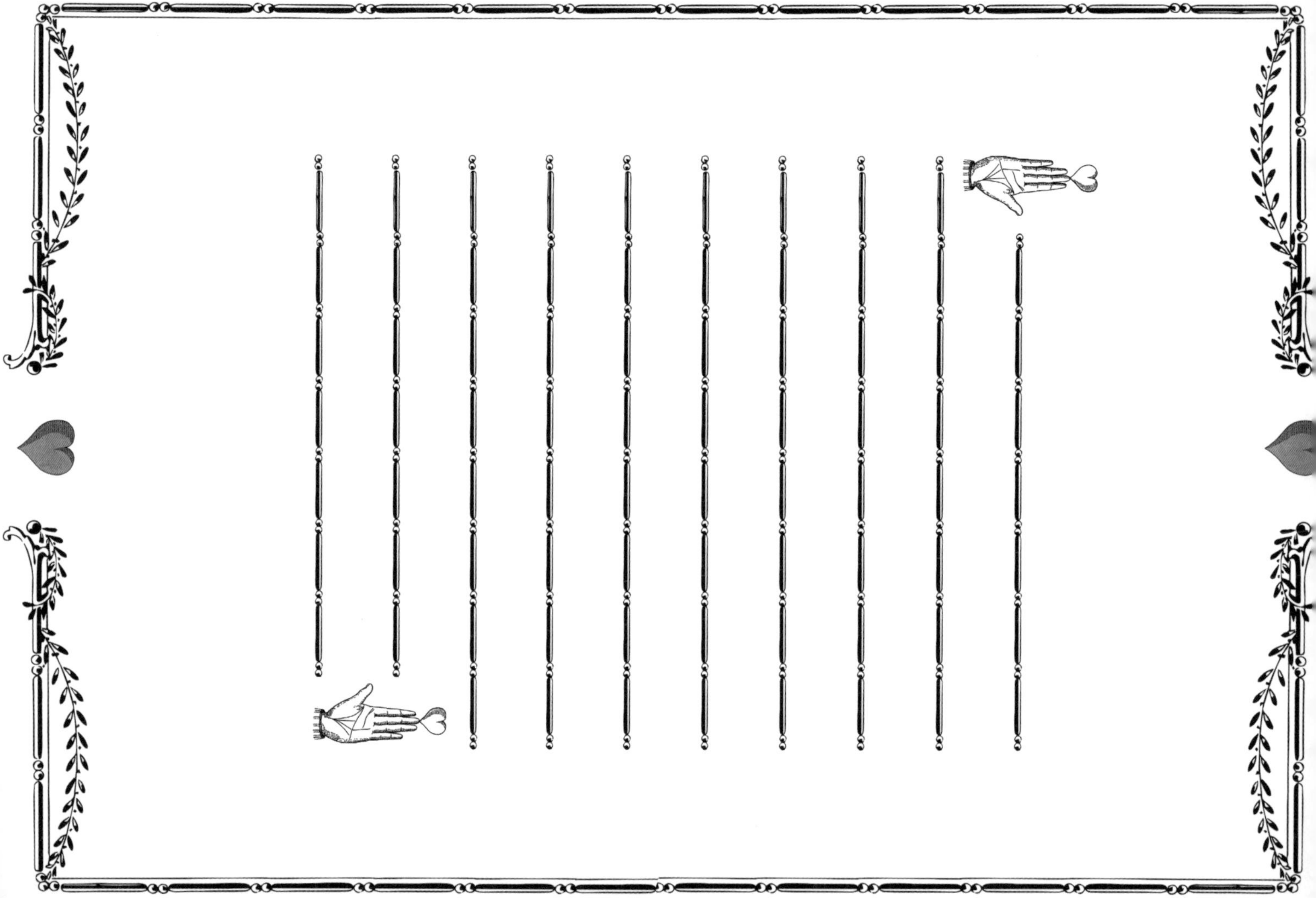

PAPA
MAMAN
SEAU
HYGIENIQUE
CRAYONS
COULEURS

MARIN MONTAGUT

PARIS

MARIN MONTAGUT - 48 rue Madame Paris VI • MARIN MONTAGUT - 48 rue Madame Paris VI • MARIN MONTAGUT - 48 rue Madame Paris VI • MARIN MONTAGUT - 48 rue Madame Paris Vue Madame Paris VI •
4me ARR!
PLACE DES VOSGES
METRO
Astronomie
METROPOLITAIN

• MARIN MONTAGUT - 48 rue Madame Paris VI • MARIN MONTAGUT - 48 rue Madame Paris VI • MARIN MONTAGUT - 48 rue Madame Paris VI • MARIN MONTAGUT - 48 rue Madame Paris V·ue Madame Paris VI

MARIN MONTAGUT - 48 rue Madame Paris VI • MARIN MONTAGUT - 48 rue Madame Paris VI • MARIN MONTAGUT - 48 rue Madame Paris VI

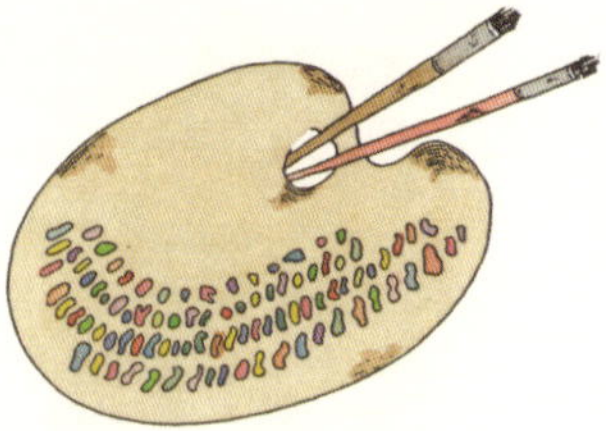

MARIN MONTAGARIN MONTAGUT - 48 rue Madame Paris VI • MARIN MONTAGUT - 48 rue Madame Paris VI • MARIN MONTAGUT - 48 rue Madame Paris VI •

MARIN MONTAGUT
48 rue Madame Paris VI

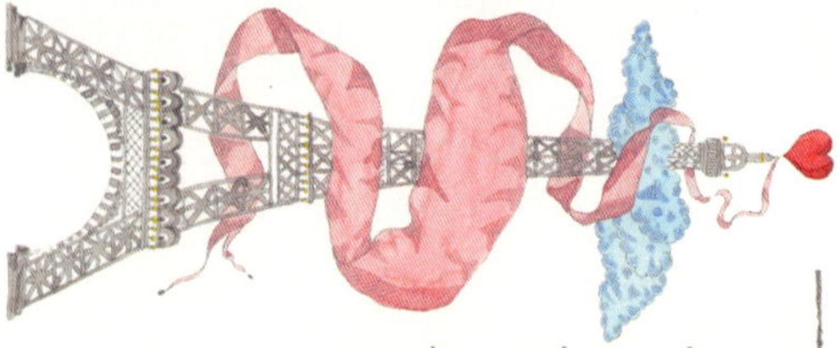

MARIN MONTAGUT - 48 rue Madame Paris VI • MARIN MONTAGUT - 48 rue Madame Paris VI • MARIN MONTAGUT - 48 rue Madame Paris VI • MARIN MONTAGUT - 48 rue Madame Paris Vue Madame Paris VI •
MARIN MONTAGUT - 48 rue Madame Paris VI • MARIN MONTAGUT - 48 rue Madame Paris VI • MARIN MONTAGUT - 48 rue Madame Paris VI
MARIN MONTAGARIN MONTAGUT - 48 rue Madame Paris VI • MARIN MONTAGUT - 48 rue Madame Paris VI • MARIN MONTAGUT - 48 rue Madame Paris VI • MARIN MONTAGUT - 48 rue Madame Paris VI
VICHY
MIEL
MENTHE
THÉ VERT
CRAYONS de COULEURS
Gras de Bœuf
LANGUE

• MARIN MONTAGUT - 48 rue Madame Paris VI • MARIN MONTAGUT - 48 rue Madame Paris VI • MARIN MONTAGUT - 48 rue Madame Paris VI • MARIN MONTAGUT - 48 rue Madame Paris Vue Madame Paris VI

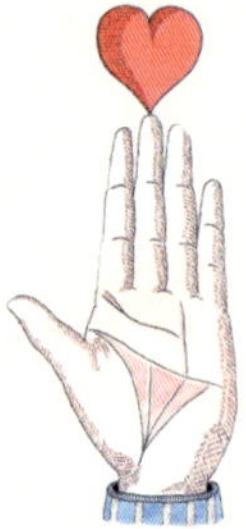

MARIN MONTAGUT - 48 rue Madame Paris VI • MARIN MONTAGUT - 48 rue Madame Paris VI • MARIN MONTAGUT - 48 rue Madame Paris VI

MARIN MONTAGUT
48 rue Madame - Paris VI

MARIN MONTAGUT
48 rue Madame - Paris VI

METRO

MARIN MONTAGUT

PARIS

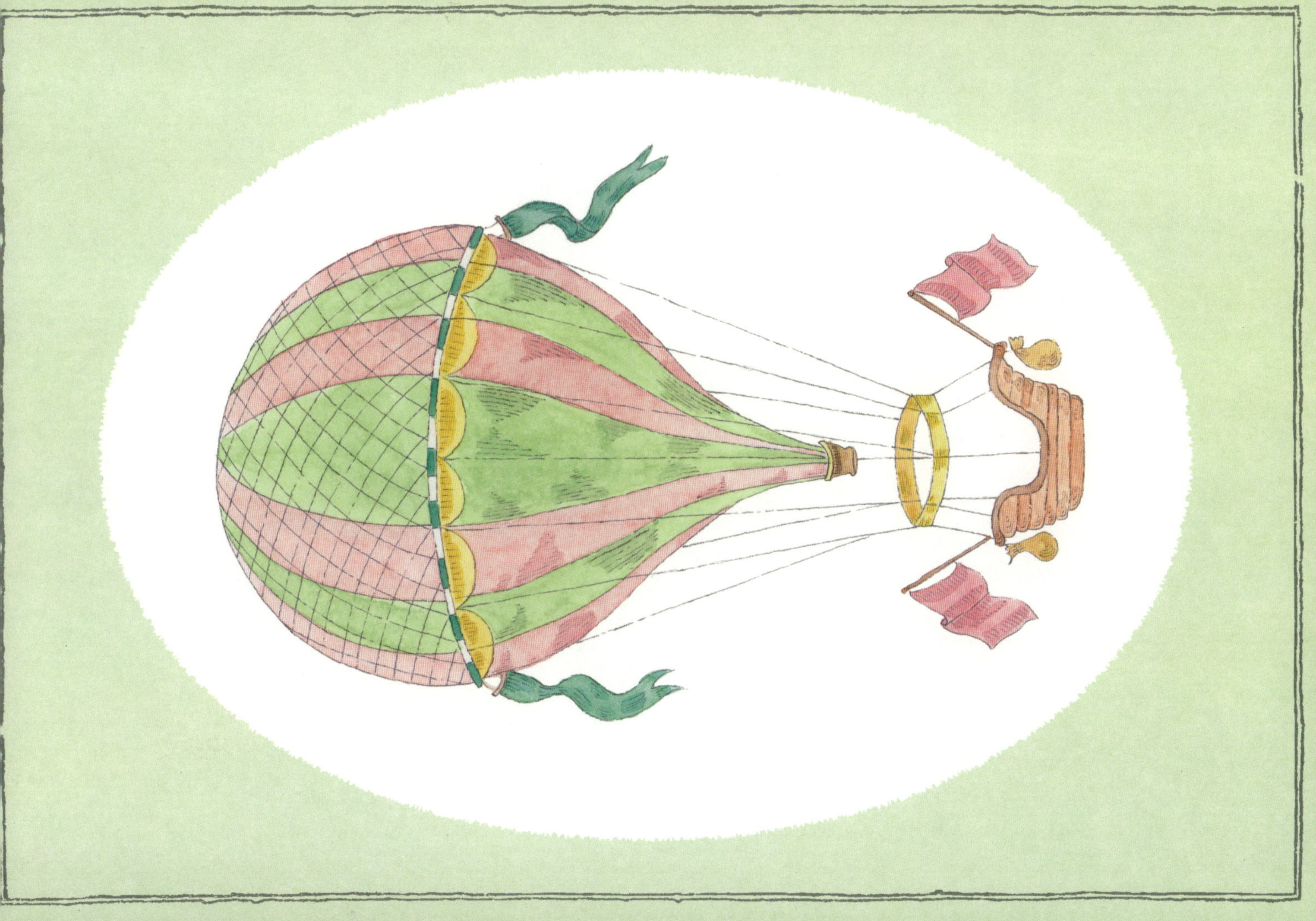

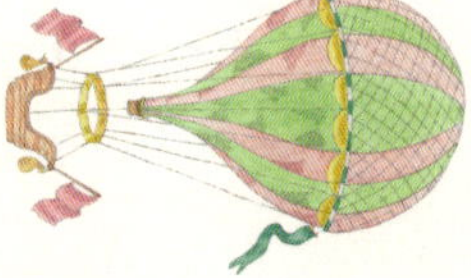

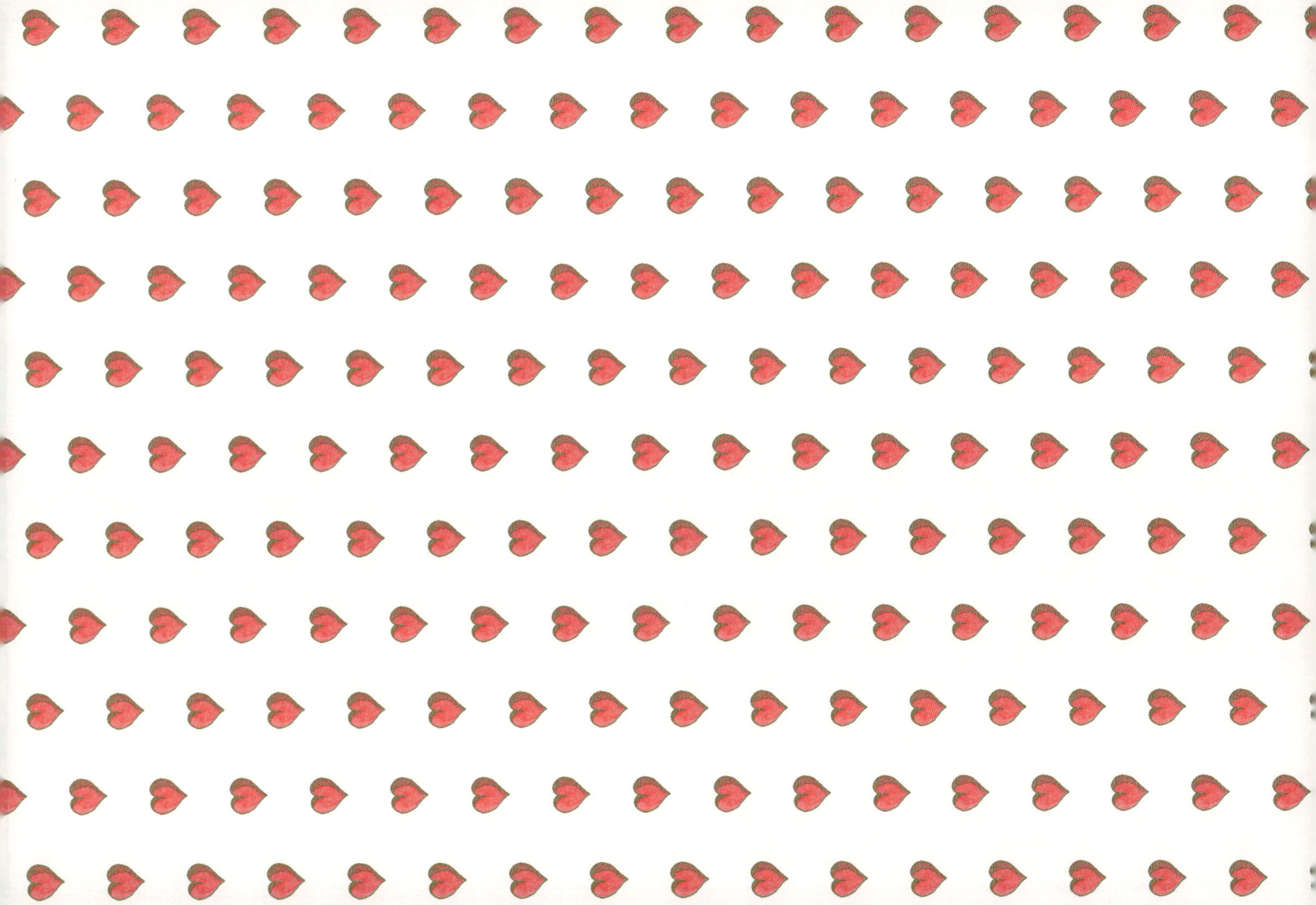

MARIN MONTAGUT
48 rue Madame - Paris VI

MARIN MONTAGUT
48 rue Madame - Paris VI

EAU A SOUDER
COULEUR SUPERFINE POUR ARTISTES
COULEUR SUPERFINE POUR ARTISTES
COULEUR SUPERFINE POUR ARTISTES
DORURE FINE
STATUETTES DÉCORATIONS
NÉCESSAIRE À DORER
CRAYONS de COULEURS pour le DESSIN
INDÉLÉBILES
Qualité Extra
EAU A SOUDER
COULEUR SUPERFINE POUR ARTISTES
COULEUR SUPERFINE POUR ARTISTES
COULEUR SUPERFINE POUR ARTISTES
PRODIGIEUSE
DORURE FINE
STATUETTES DÉCORATIONS
NÉCESSAIRE À DORER
CRAYONS de COULEURS pour le DESSIN

MARIN MONTAGUT

PARIS

№00001
№00002
№00003
№00004
№00005
№00006
№00007
№00008
№00009
№00010
№00011
№00012
№00013
№00014
№00015
№00016
№00017
№00018
№00019
№00020
№00021
№00022
№00023
№00024
№00025
№00026
№00027
№00028
№00029
№00030
№00031
№00032
GAMME DE COULEURS
MARIN MONTAGUT – 48 rue Madame Paris VI –

I
LE BATELEUR

II
LA PAPESSE

III
L·IMPÉRATRICE

IIII
L·EMPEREUR

V
LE PAPE

VI
L·AMOUREUX

VII
LE CHARIOT

VIII
LA JUSTICE

VIIII
L·HERMITE

X
LA ROUE DE FORTUNE

VI
L·AMOUREUX

XI
LA FORCE
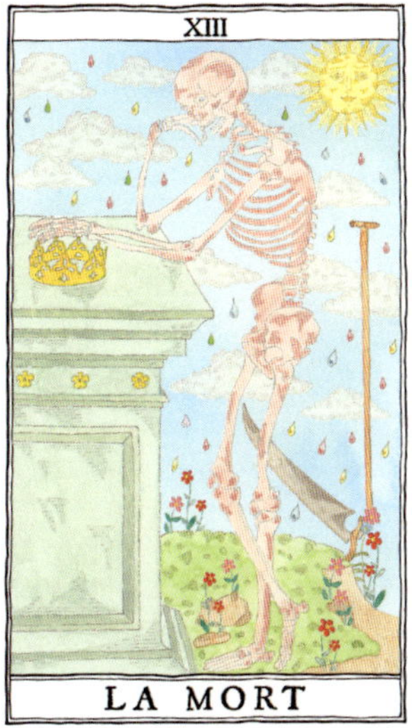
XIII
LA MORT

XIIII
LA TEMPÉRANCE

XV
LE DIABLE

XVI
LA MAISON DIEU

XVII
L·ÉTOILE

XVIII
LA LUNE

XVIIII
LE SOLEIL

XX
LE JUGEMENT

XXI
LE MONDE

XVII
L·ÉTOILE

Gemeaux
Scorpion
Capricorne
Verseau
Sagittaire
Cancer

MARIN MONTAGUT
PARIS
Poisson
Cancer
Verseau
Sagittaire
Capricorne
Scorpion
Lion
Gemeaux
Vierge
Balance
Taureau
Belier

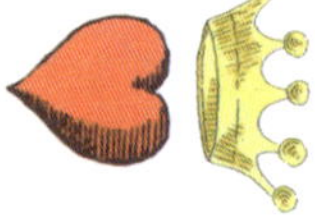

MARIN MONTAGUT
48 rue Madame - Paris VI

MARIN MONTAGUT
48 rue Madame - Paris VI

MARIN MONTAGUT

MARIN MONTAGUT
48 rue Madame - Paris VI

PARIS
JE T'AIME

La maison du bonheur
MARIN MONTAGUT
48 rue Madame - Paris VI

MARIN MONTAGUT
48 rue Madame - Paris VI

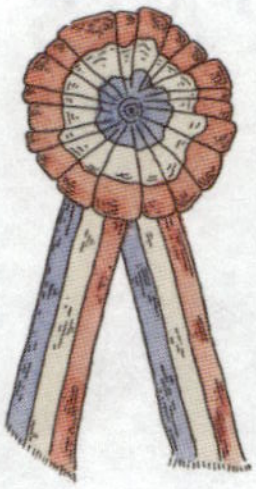

MARIN MONTAGUT
48 rue Madame - Paris VI

Le Marais

Fig 1

Musée de la Chasse
et de la Nature

Cirque d'Hiver

Fig 2

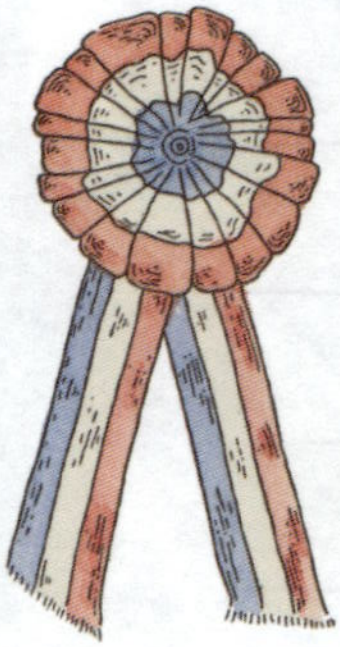

Fig 3

Place des Vosges

Fig 5

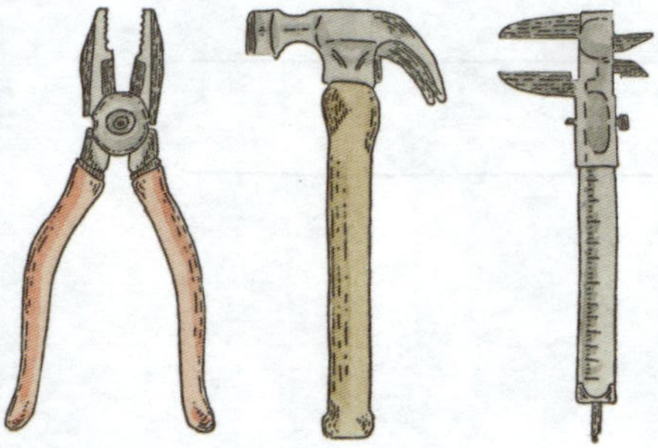

Bazar de l'Hôtel de Ville

Fig 4

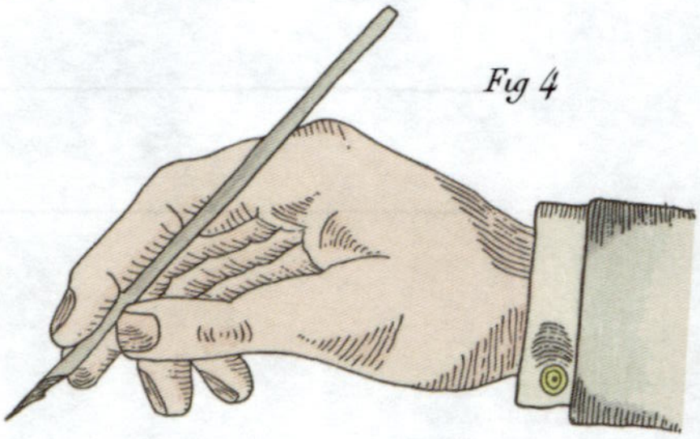

Maison de Victor Hugo

MARIN MONTAGUT
48 rue Madame - Paris VI

Montmartre

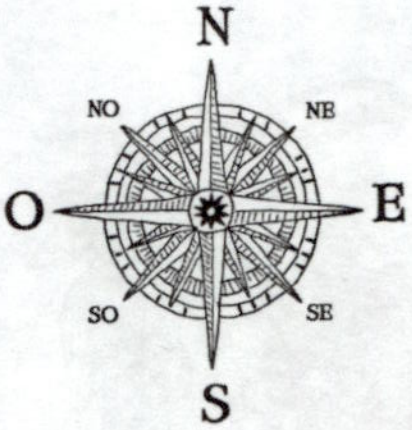

Fig 1

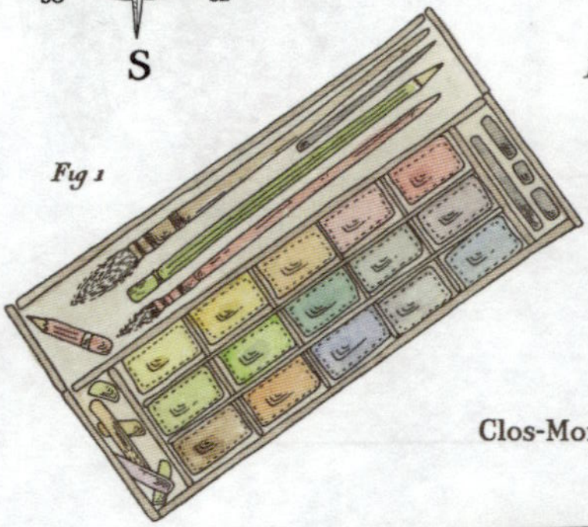

Place du Tertre

Fig 2

Clos-Montmartre

Fig 3

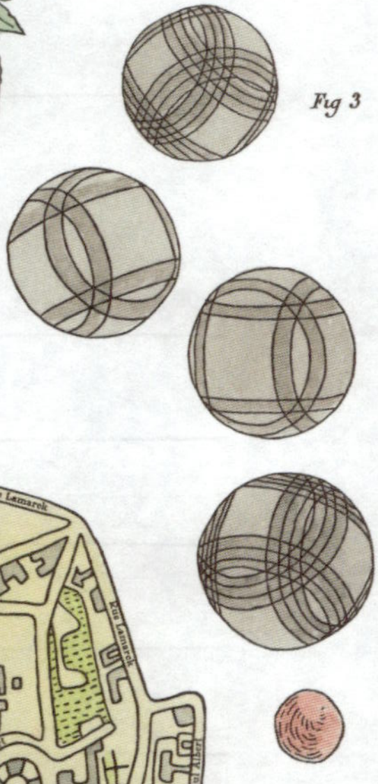

Pétanque

Fig 6

Métropolitain Abbesses

Fig 5

Marché Saint-Pierre

Fig 4

Sacré-Cœur

MARIN MONTAGUT
48 rue Madame - Paris VI

MARIN MONTAGUT
48 rue Madame - Paris VI

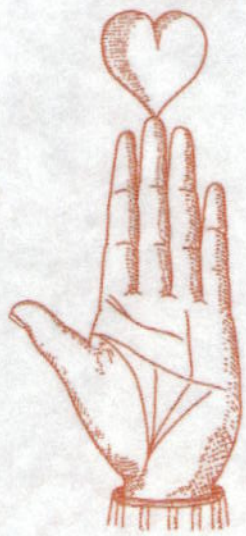

MARIN MONTAGUT

PARIS

MARIN MONTAGUT
PARIS

MARIN MONTAGUT

PARIS

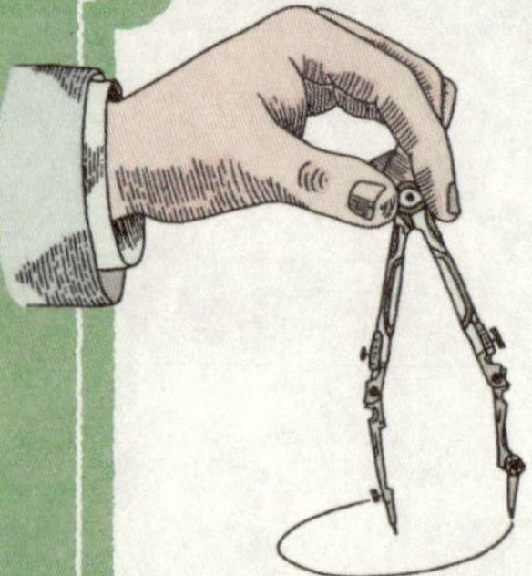

To.

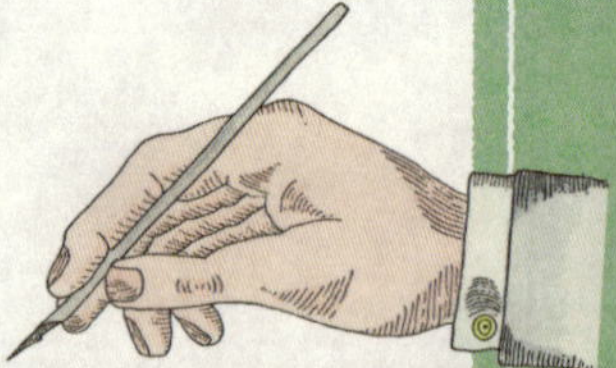

From

MARIN MONTAGUT

PARIS

METRO
MARIN MONTAGUT

FOX TERRIER

MARIN MONTAGUT
48 rue Madame - Paris VI

MARIN MONTAGUT
48 rue Madame - Paris VI

Polyèdre
MARIN MONTAGUT
48 rue Madame - Paris VI

MARIN MONTAGUT
48 rue Madame - Paris VI

MARIN MONTAGUT

PARIS

le Bouvier
LA VIERGE
le Lion
la Coupe
le Corbeau
la Balance
l'Hydre
VIERGE
MARIN MONTAGUT - 48 rue Madame Paris VI -

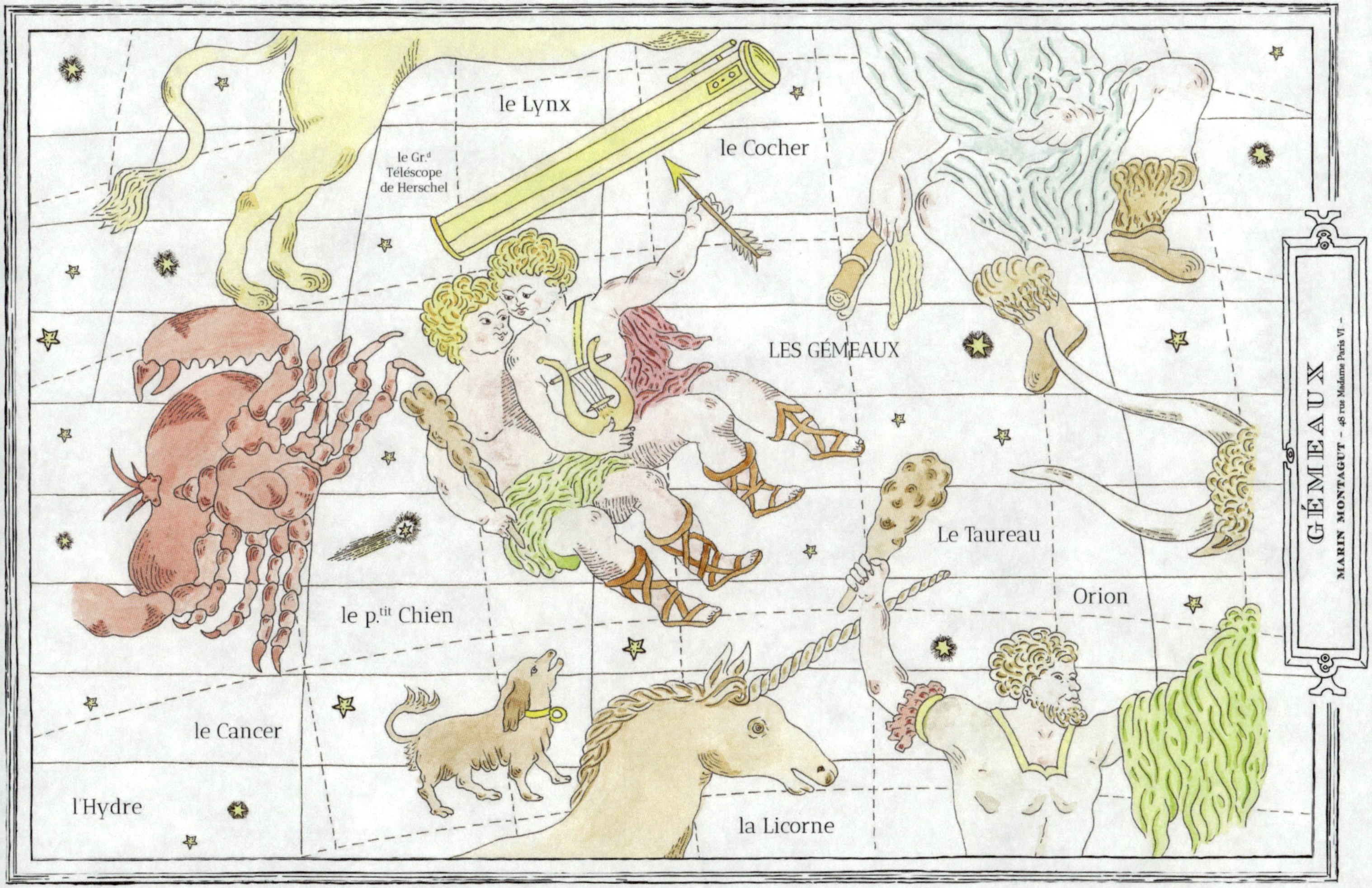

le Lynx
le Cocher
le Gr.d Téléscope de Herschel
LES GÉMEAUX
Le Taureau
Orion
le p.tit Chien
le Cancer
l'Hydre
la Licorne
GÉMEAUX
MARIN MONTAGUT – 48 rue Madame Paris VI –

MARIN MONTAGUT

PARIS

MARIN MONTAGUT
PARIS
Taureau
Vierge
Balance
Lion
Scorpion
Capricorne
Verseau
Sagittaire
Cancer
Poisson

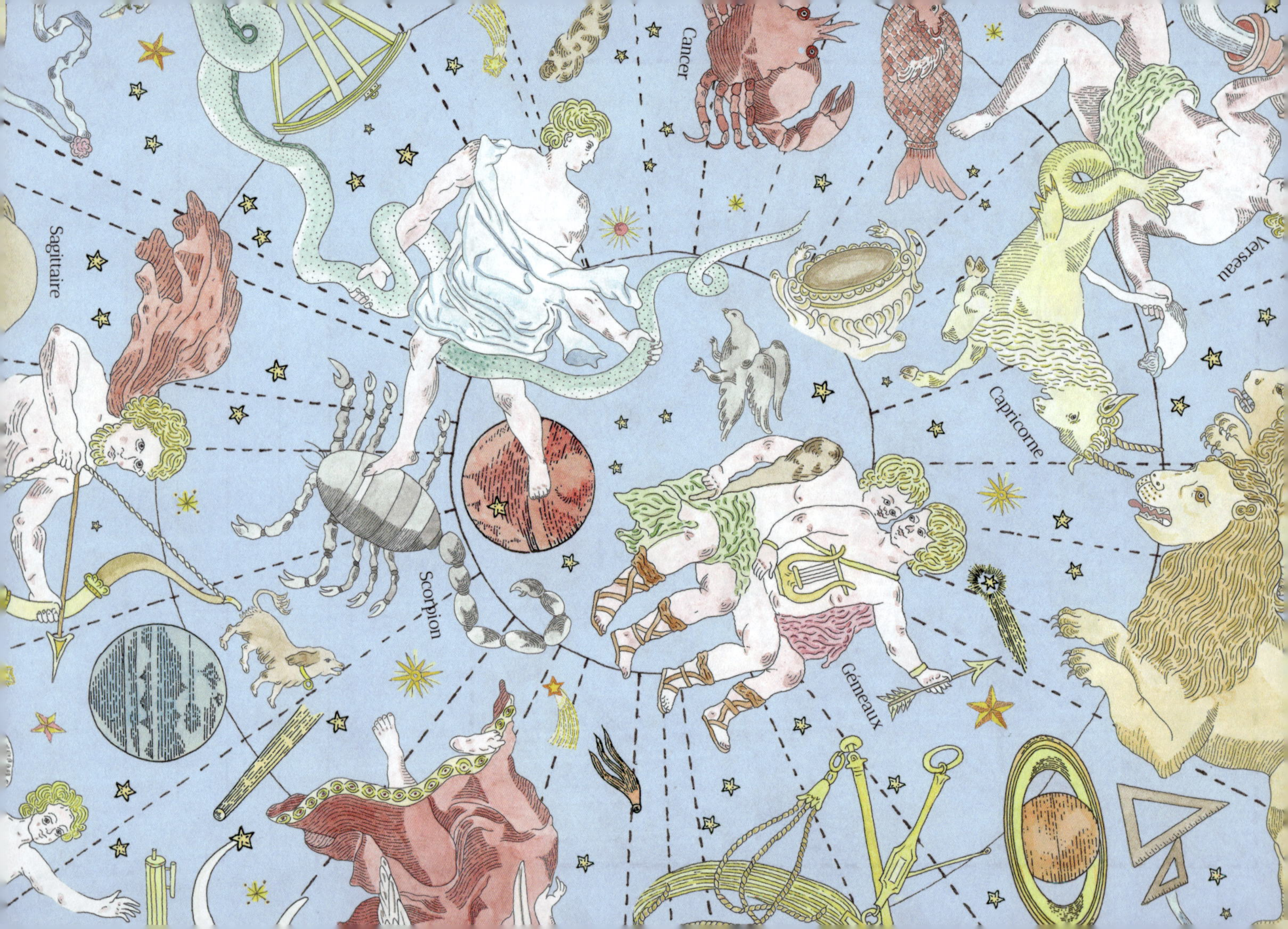
Cancer
Sagitaire
Verseau
Capricorne
Scorpion
Géneaux

MARIN MONTAGUT
48 rue Madame - Paris VI

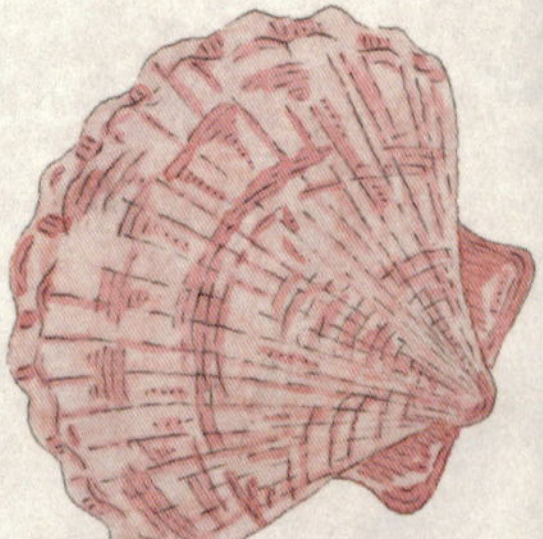

MARIN MONTAGUT

PARIS

PARIS
JE T'AIME

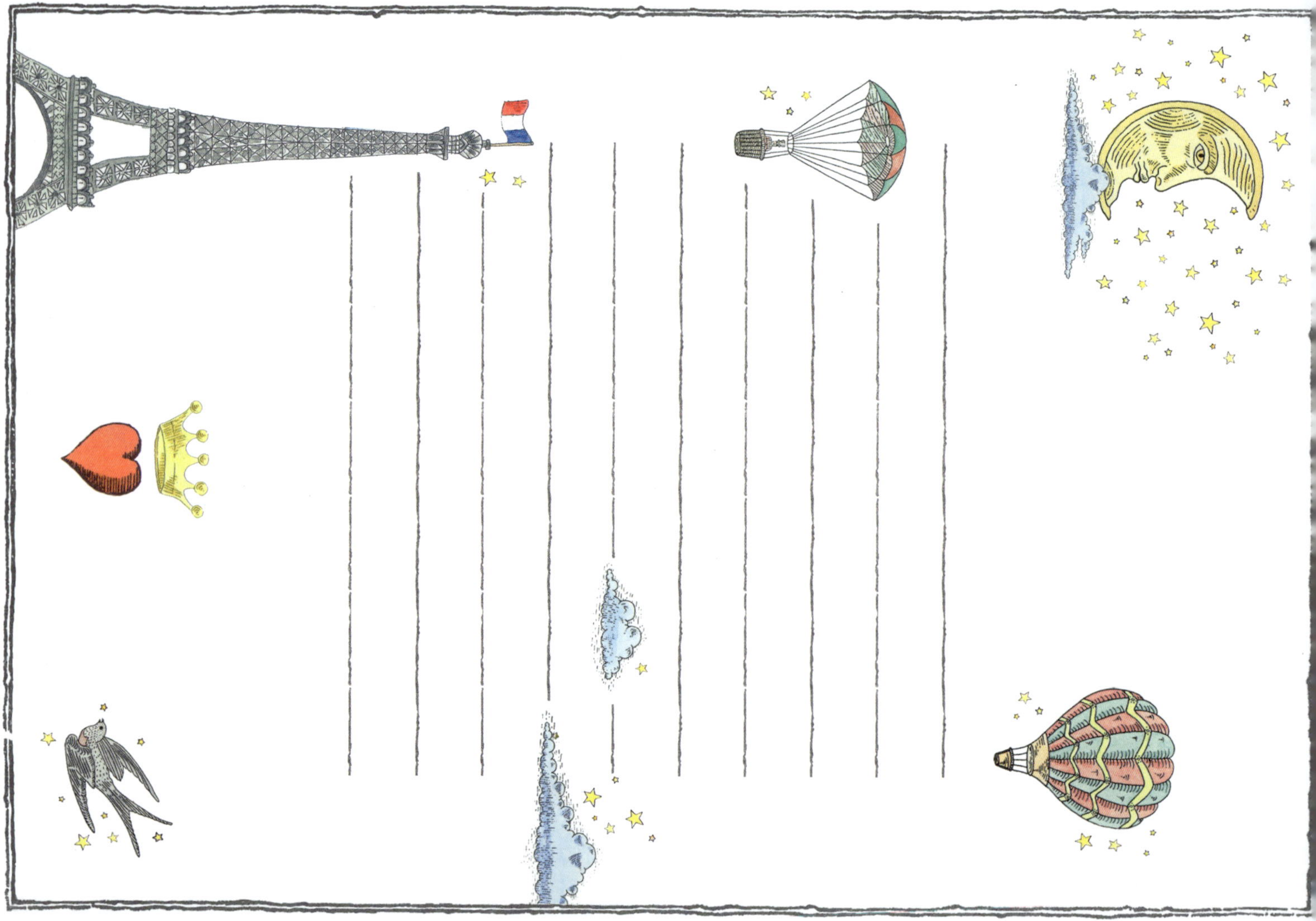

La maison du bonheur
MARIN MONTAGUT
48 rue Madame - Paris VI

MARIN MONTAGUT
48 rue Madame - Paris VI

LE JARDIN
DE
PARIS
MARIN MONTAGUT
48 rue Madame - Paris VI

MARIN MONTAGUT
48 rue Madame - Paris VI

JARDIN DE PARIS

Fig 1

- Le Glacier -

Fig 2

- Le Moulin à Vent -

Fig 3

- Le Voilier -

Fig 4

- L'Oranger -

Fig 5

- Les Ruches -

Fig 6

- Les Cosmos -

Fig 7

- La Chaise Sénat -

MARIN MONTAGUT
48 rue Madame - Paris VI

MARIN MONTAGUT
48 rue Madame - Paris VI

Saint-Germain-des-Prés

Fig 2

- Les Bouquinistes -

Fig 3

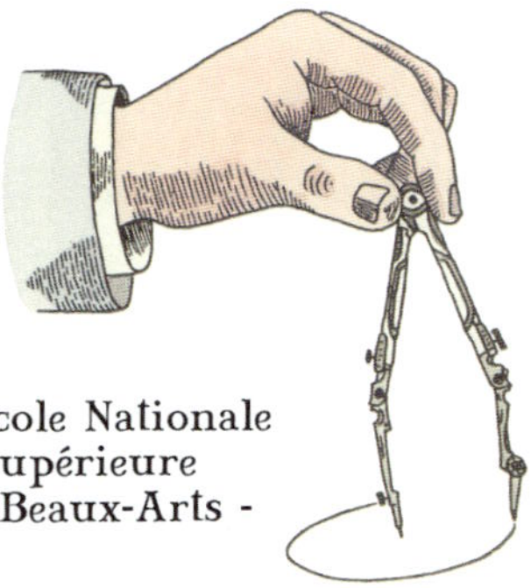

- L'École Nationale
Supérieure
des Beaux-Arts -

- Le Café de Flore -

Fig 1

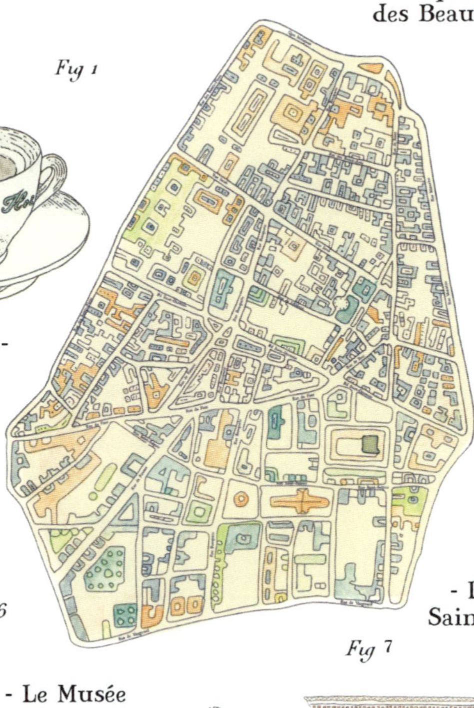

Fig 7

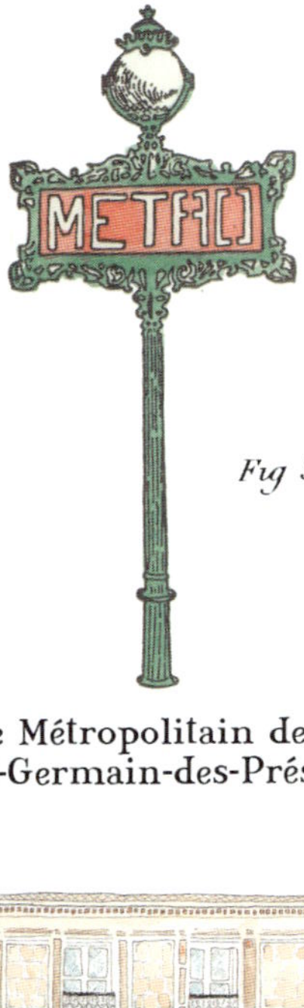

Fig 5

- Le Métropolitain de
Saint-Germain-des-Prés -

Fig 6

- La Fontaine
Wallace -

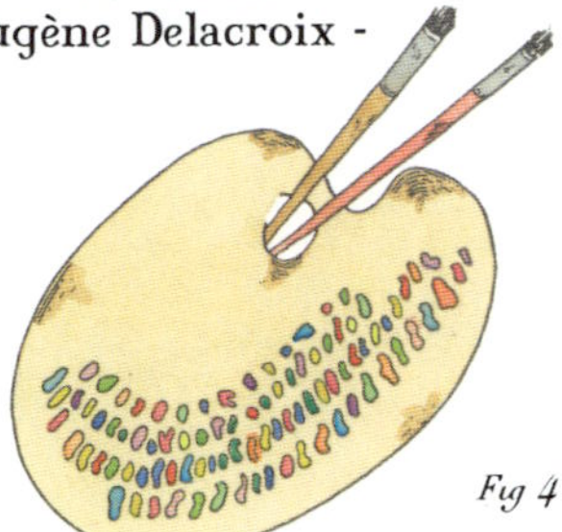

Fig 4

- Le Musée
Eugène Delacroix -

- Marin Montagut -

MARIN MONTAGUT
48 rue Madame - Paris VI

MARIN MONTAGUT
48 rue Madame - Paris VI

48
SUCCÈS DE LA PENSÉE
d'une jeune fille distinguée
SOLEIL
JOUR
Bonne renommée
1
2
3
MAIN
APOLLONIENNE
ou SOLAIRE
Type
HARMONIQUE
et
Artistique
MARIN MONTAGUT
48 rue Madame - Paris

MARIN MONTAGUT
48 rue Madame - Paris

LE
CHAT

AMOUR
AMOUR
PARIS
MARIN MONTAGUT
48 rue Madame - Paris VI

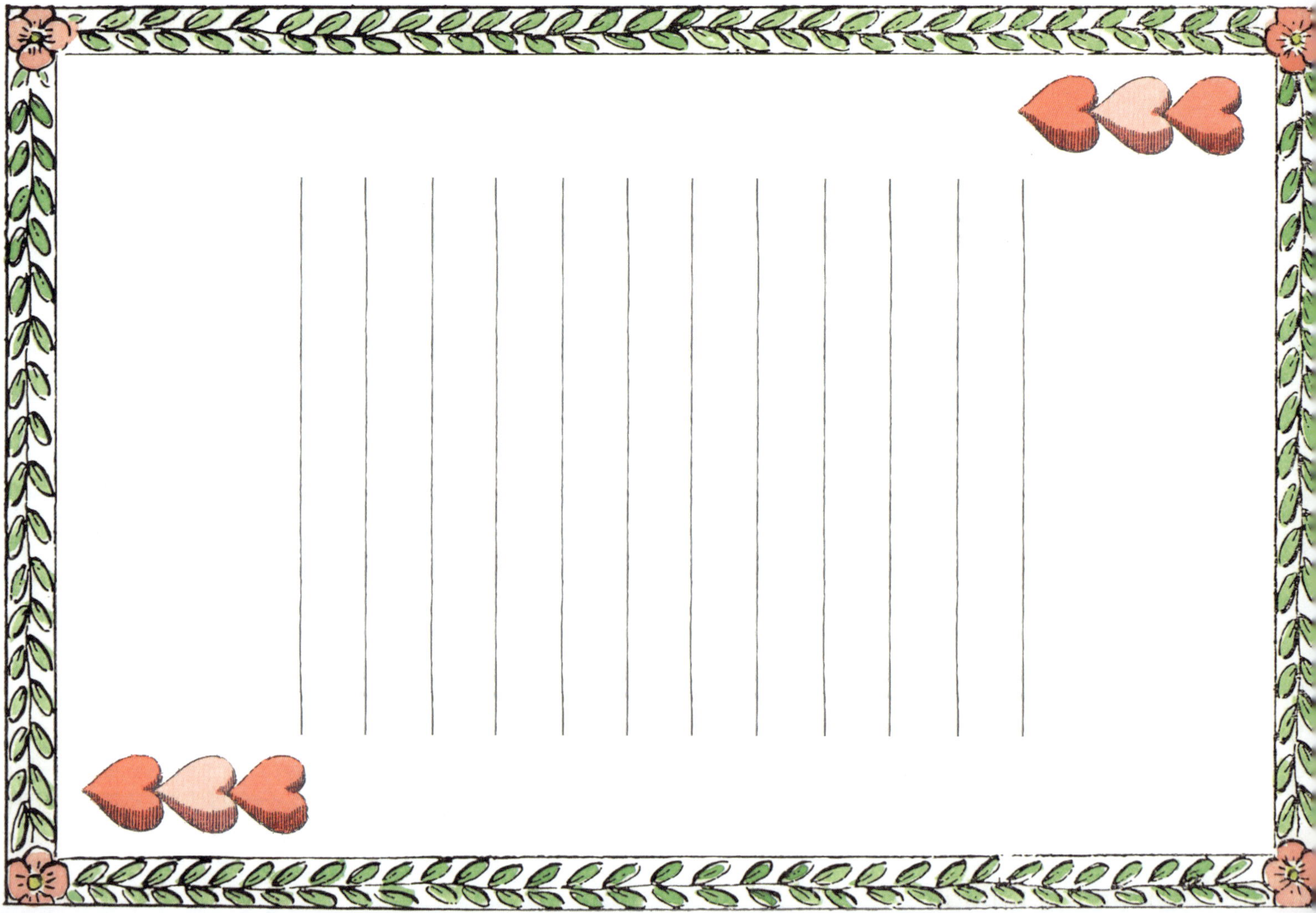

ROI DE
COEUR
MARIN MONTAGUT
48 rue Madame - Paris VI

AMITIÉ
MARIN MONTAGUT
48 rue Madame - Paris VI

LE CHAT
MARIN MONTAGUT
48 rue Madame - Paris VI

LE CHAT

AU 48 RUE MADAME À PARIS

MARIN MONTAGUT

MARCHAND D'OBJETS EN TOUS GENRES

SOUVENIRS DE PARIS FAITS À LA MAIN

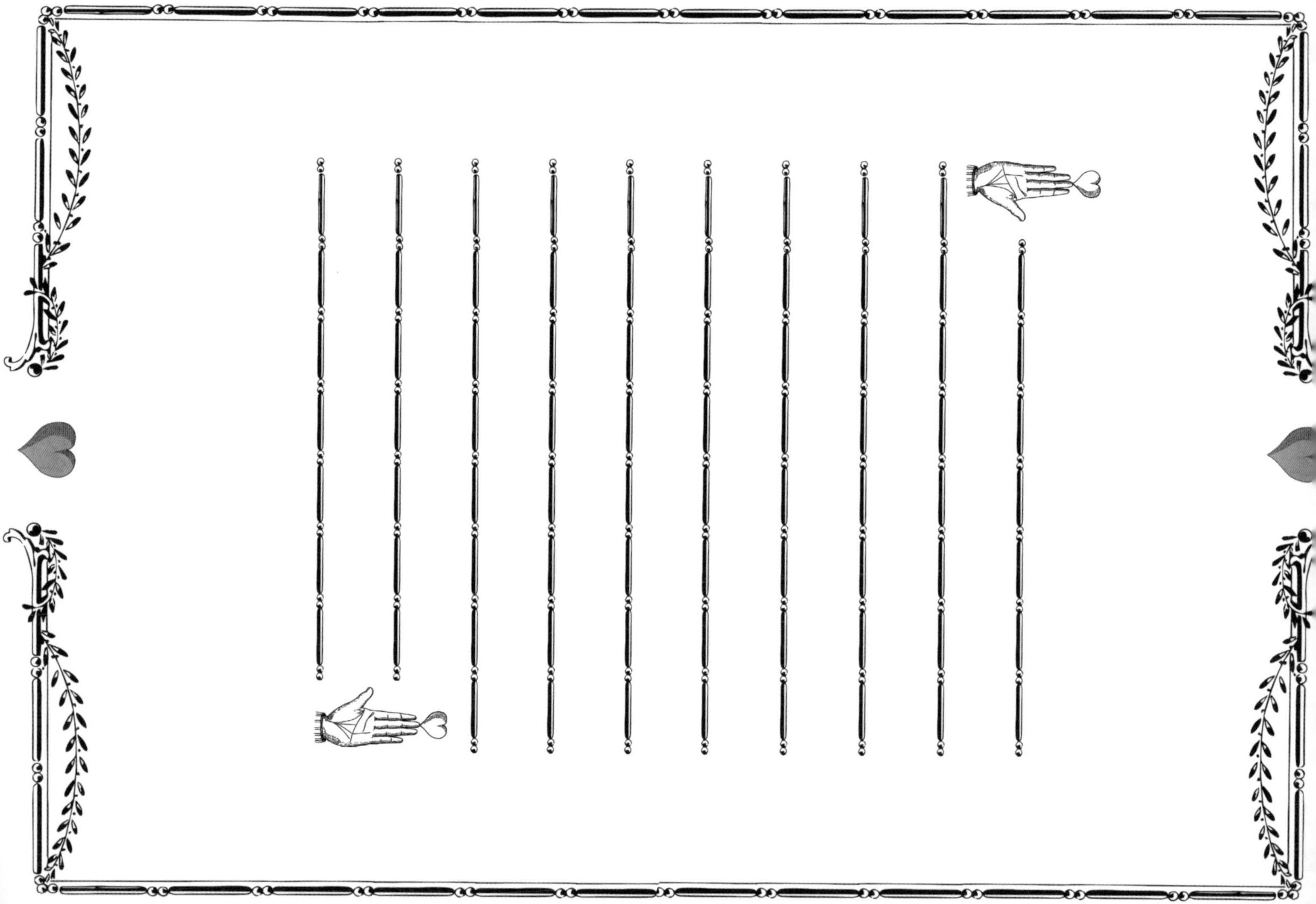

PAPA
MAMAN
SEAU
HYGIENIQUE
CRAYONS
de
COULEURS

MARIN MONTAGUT

PARIS

MARIN MONTAGUT - 48 rue Madame Paris VI • MARIN MONTAGUT - 48 rue Madame Paris VI • MARIN MONTAGUT - 48 rue Madame Paris VI • MARIN MONTAGUT - 48 rue Madame Paris Vue Madame Paris VI
4me ARR.
PLACE DES VOSGES
METRO
Astronomie
METROPOLITAIN

• MARIN MONTAGUT - 48 rue Madame Paris VI • MARIN MONTAGUT - 48 rue Madame Paris VI • MARIN MONTAGUT - 48 rue Madame Paris VI • MARIN MONTAGUT - 48 rue Madame Paris Vue Madame Paris VI

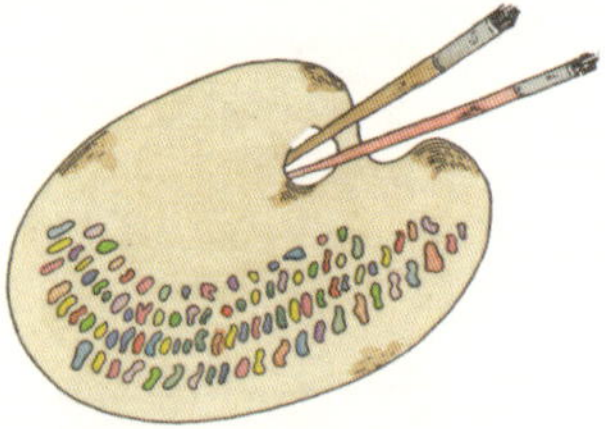

MARIN MONTAGUT
48 rue Madame Paris VI

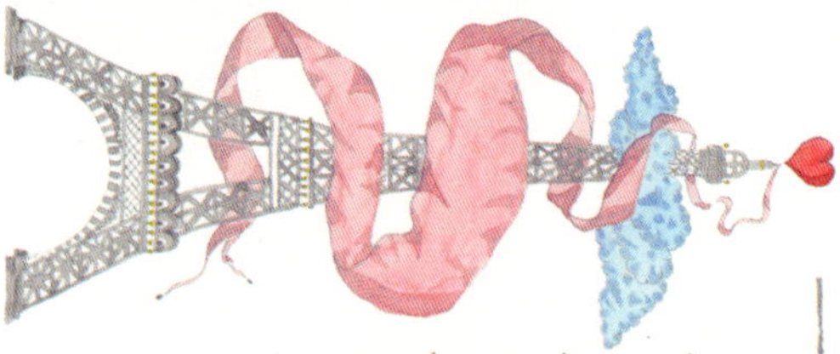

MARIN MONTAGUT - 48 rue Madame Paris VI • MARIN MONTAGUT - 48 rue Madame Paris VI • MARIN MONTAGUT - 48 rue Madame Paris VI • MARIN MONTAGUT - 48 rue Madame Paris Vue Madame Paris VI •
MARIN MONTAGUT - 48 rue Madame Paris VI • MARIN MONTAGUT - 48 rue Madame Paris VI • MARIN MONTAGUT - 48 rue Madame Paris VI
MARIN MONTAGARIN MONTAGUT - 48 rue Madame Paris VI • MARIN MONTAGUT - 48 rue Madame Paris VI • MARIN MONTAGUT - 48 rue Madame Paris VI •
VICHY
MIEL
COQUELICOT
MENTHE
THÉ VERT
EAU À SOUDER
CRAYONS DE COULEURS
Gras de Bœuf
LANGUE

• MARIN MONTAGUT - 48 rue Madame Paris VI • MARIN MONTAGUT - 48 rue Madame Paris VI • MARIN MONTAGUT - 48 rue Madame Paris VI • MARIN MONTAGUT - 48 rue Madame Paris V·ue Madame Paris VI

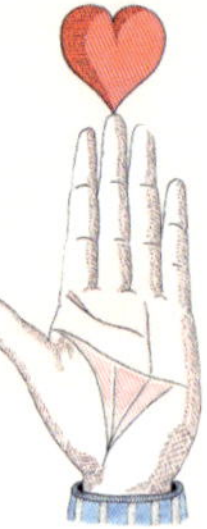

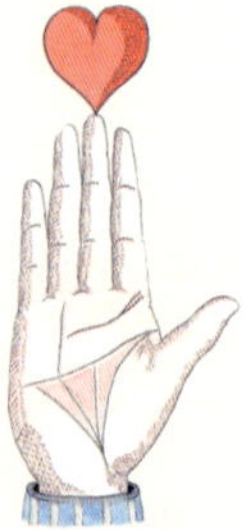

MARIN MONTAGUT
48 rue Madame - Paris VI

MARIN MONTAGUT
48 rue Madame - Paris VI

METRO

MARIN MONTAGUT

PARIS

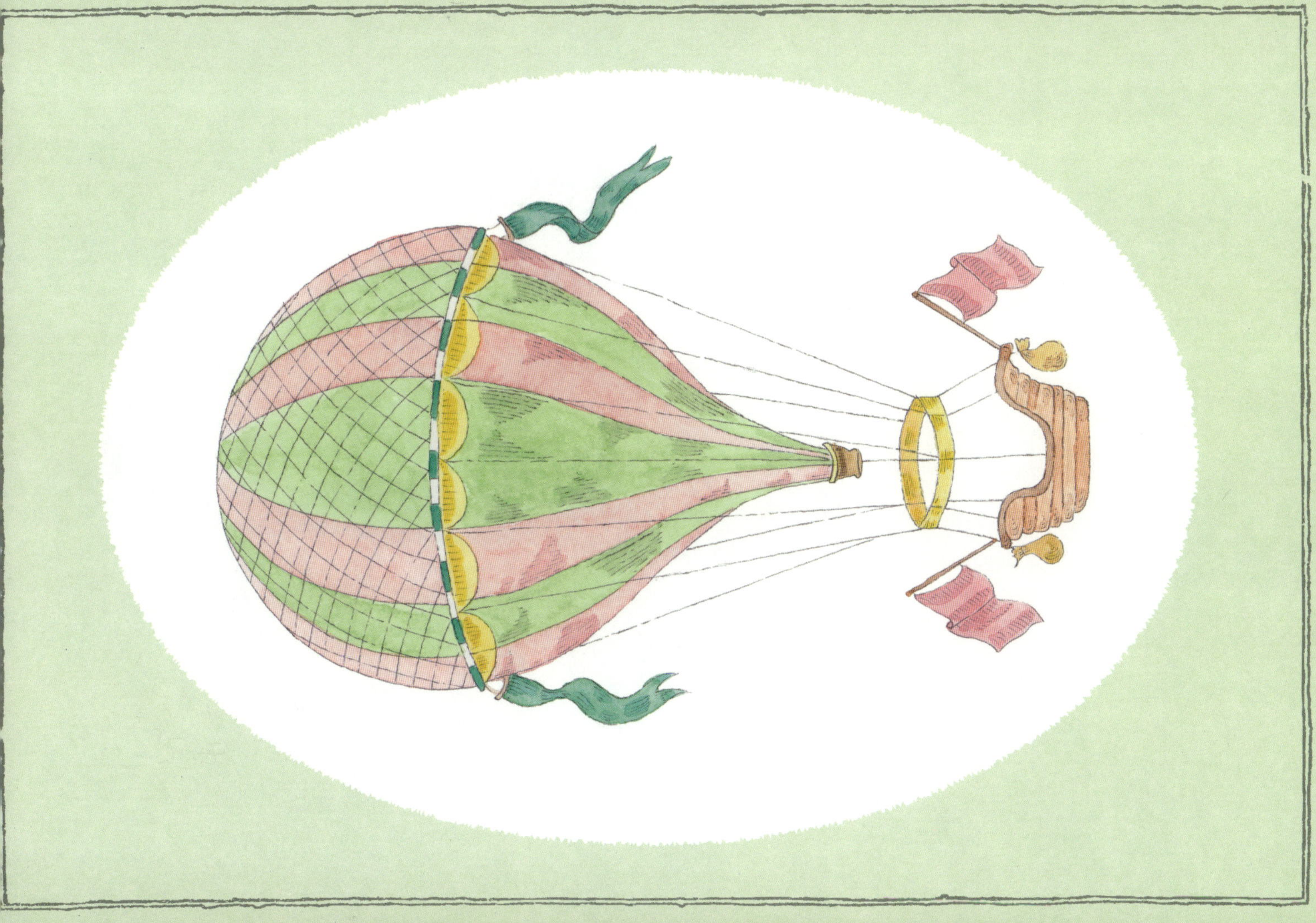

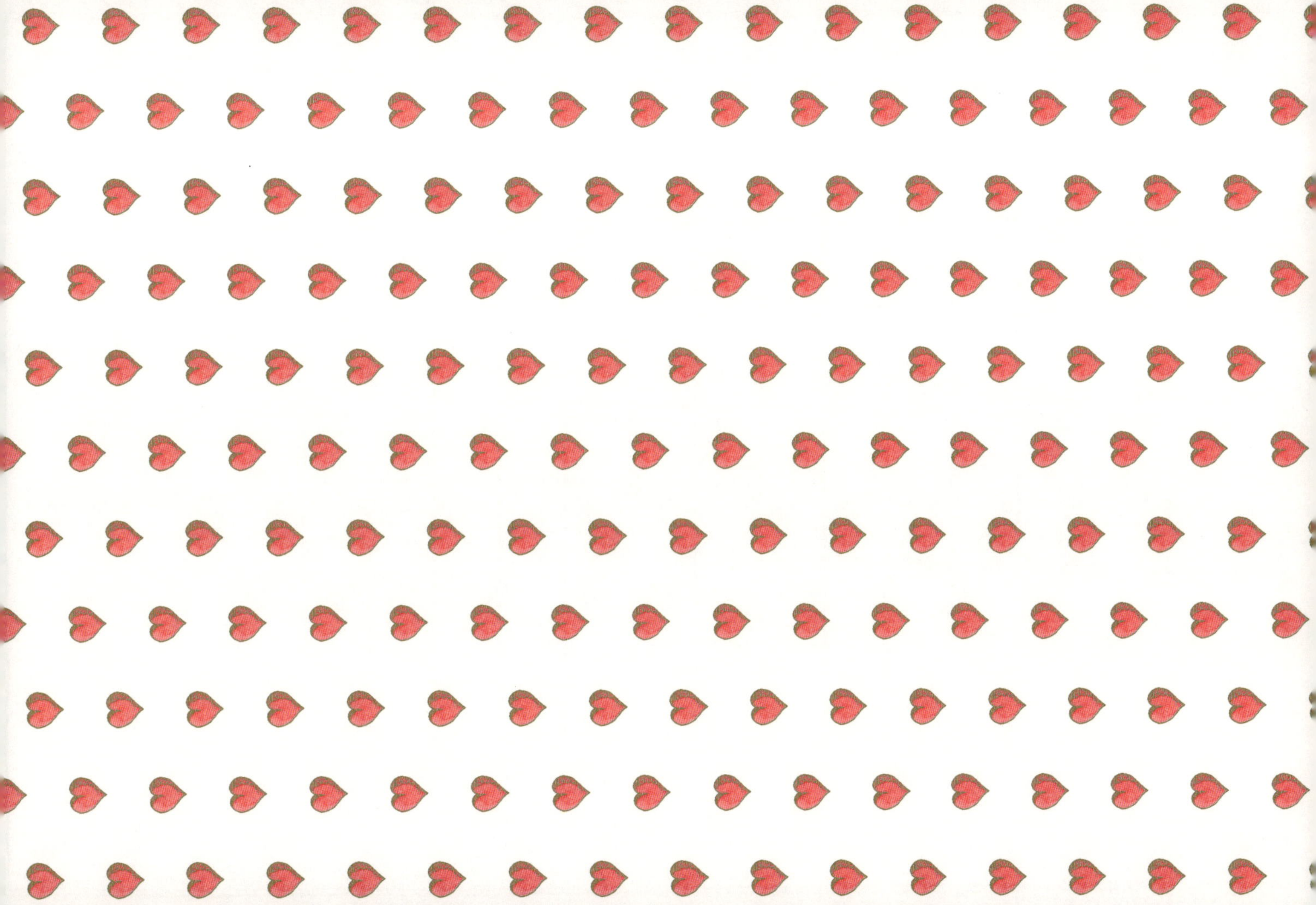

MARIN MONTAGUT
48 rue Madame - Paris VI

MARIN MONTAGUT
48 rue Madame - Paris VI

EAU A SOUDER
COULEUR SUPERFINE POUR ARTISTES
CRAYONS de COULEURS pour le DESSIN INDÉLÉBILES Qualité Extra
PRODIGIEUSE DORURE FINE
NÉCESSAIRE À DORER

MARIN MONTAGUT

PARIS

№00001
№00002
№00003
№00004
№00005
№00006
№00007
№00008
№00009
№00010
№00011
№00012
№00013
№00014
№00015
№00016
№00017
№00018
№00019
№00020
№00021
№00022
№00023
№00024
№00025
№00026
№00027
№00028
№00029
№00030
№00031
№00032
GAMME DE COULEURS
MARIN MONTAGUT – 48 rue Madame Paris VI –

I
LE BATELEUR

II
LA PAPESSE

III
L·IMPÉRATRICE

IIII
L·EMPEREUR

V
LE PAPE

VI
L·AMOUREUX

VII
LE CHARIOT

VIII
LA JUSTICE

VIIII
L·HERMITE

X
LA ROUE DE FORTUNE

VI
L·AMOUREUX

XI
LA FORCE

XIII
LA MORT

XIIII
LA TEMPÉRANCE

XV
LE DIABLE

XVI
LA MAISON DIEU

XVII
L'ÉTOILE

XVIII
LA LUNE

XVIIII
LE SOLEIL

XX
LE JUGEMENT

XXI
LE MONDE

XVII
L·ÉTOILE

Gémeaux
Scorpion
Capricorne
Verseau
Cancer
Sagittaire

MARIN MONTAGUT
PARIS
Poisson
Cancer
Verseau
Sagittaire
Capricorne
Scorpion
Lion
Gémeaux
Balance
Vierge
Taureau
Bélier

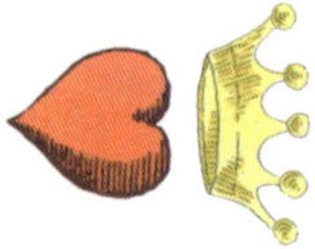

MARIN MONTAGUT
48 rue Madame - Paris VI

MARIN MONTAGUT
48 rue Madame - Paris VI

MARIN MONTAGUT

MARIN MONTAGUT
48 rue Madame - Paris VI

A
A

PARIS
JE T'AIME

La maison du bonheur
MARIN MONTAGUT
48 rue Madame - Paris VI

MARIN MONTAGUT
48 rue Madame - Paris VI

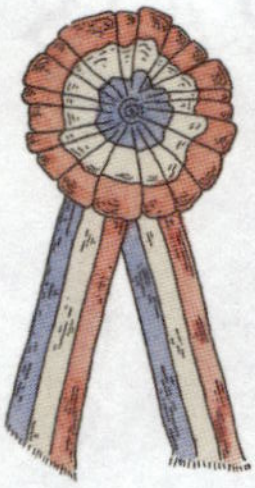

MARIN MONTAGUT
48 rue Madame - Paris VI

Le Marais

Fig 1

Musée de la Chasse
et de la Nature

Cirque d'Hiver

Fig 2

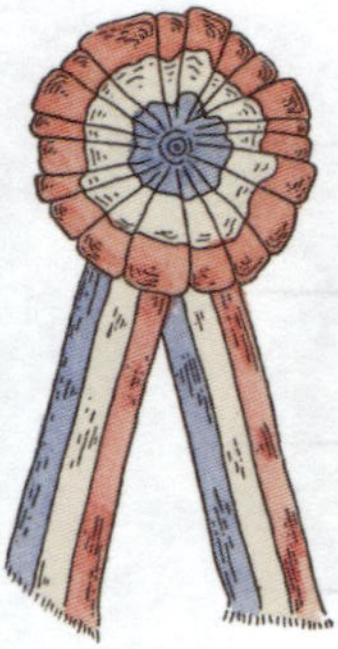

Fig 3

Place des Vosges

Fig 5

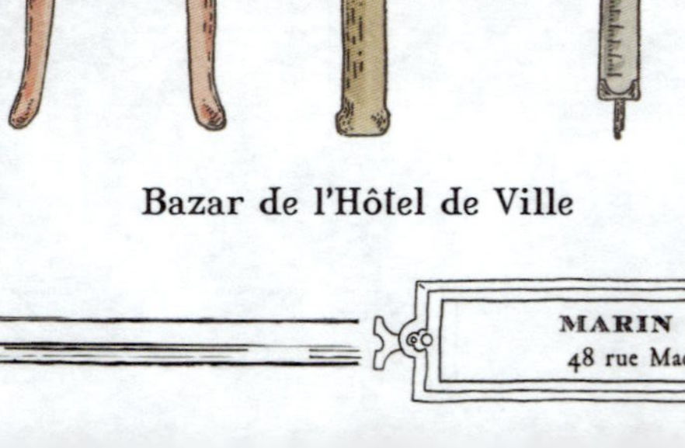

Bazar de l'Hôtel de Ville

Fig 4

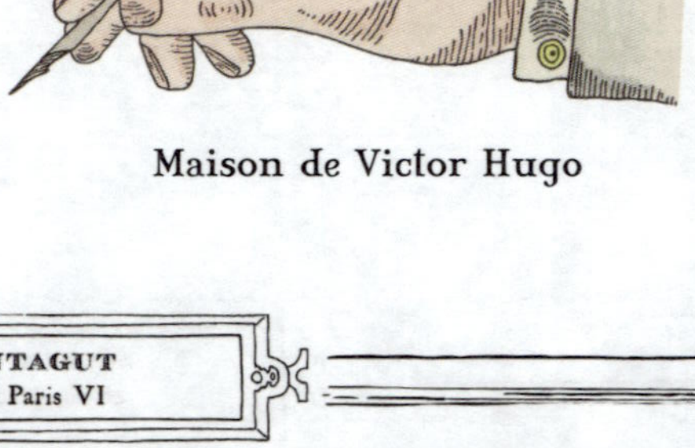

Maison de Victor Hugo

MARIN MONTAGUT
48 rue Madame - Paris VI

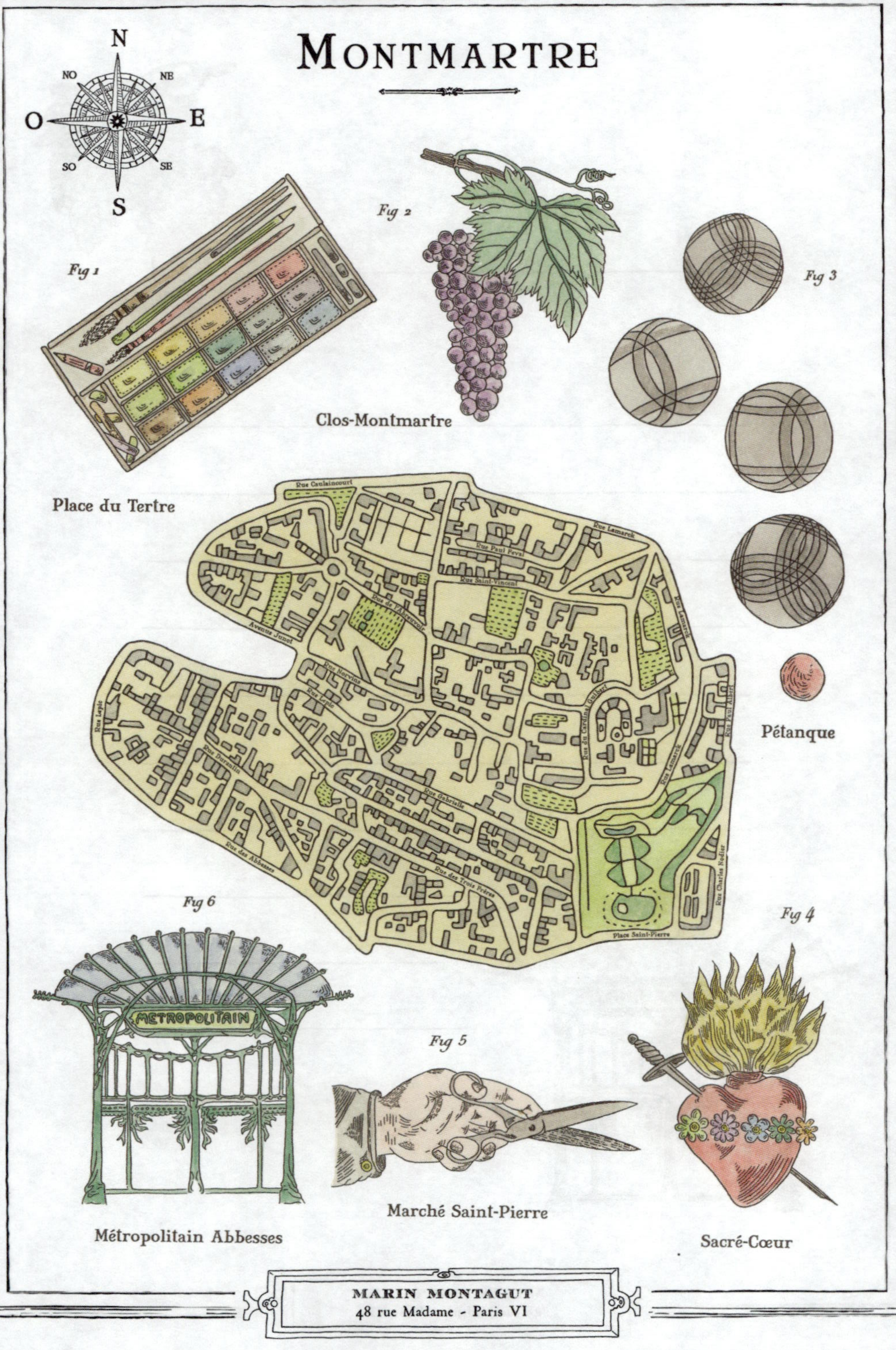

MONTMARTRE
N
NO
NE
O
E
SO
SE
S
Fig 1
Place du Tertre
Fig 2
Clos-Montmartre
Fig 3
Pétanque
Rue Caulaincourt
Rue Lamarck
Rue Paul Féval
Rue Saint-Vincent
Rue de l'Abreuvoir
Avenue Junot
Rue Norvins
Rue Lepic
Rue Durantin
Rue Gabrielle
Rue des Abbesses
Rue des Trois Frères
Rue du Cardinal Guibert
Rue Paul Albert
Rue Charles Nodier
Place Saint-Pierre
Fig 6
METROPOLITAIN
Métropolitain Abbesses
Fig 5
Marché Saint-Pierre
Fig 4
Sacré-Cœur
MARIN MONTAGUT
48 rue Madame - Paris VI

MARIN MONTAGUT
48 rue Madame - Paris VI

MARIN MONTAGUT

PARIS

MARIN MONTAGUT
PARIS

MARIN MONTAGUT

PARIS

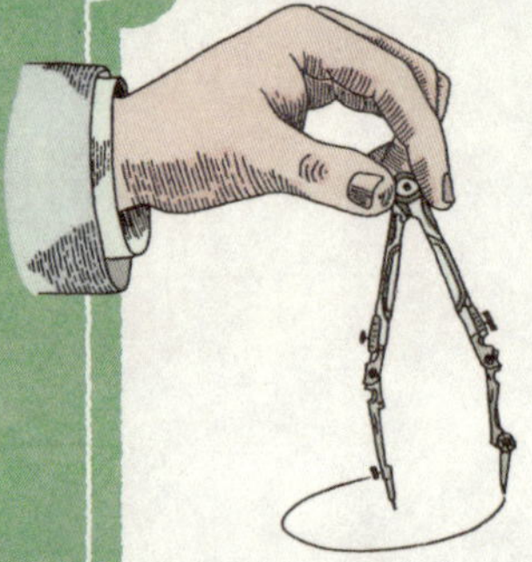

To.

From

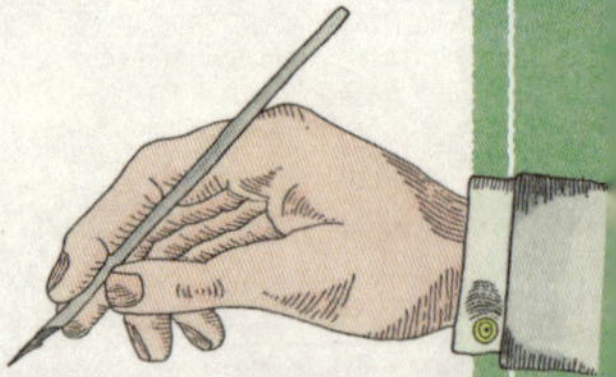

MARIN MONTAGUT

PARIS

METRO
MARIN MONTAGUT

FOX TERRIER

MARIN MONTAGUT
48 rue Madame - Paris VI

MARIN MONTAGUT
48 rue Madame - Paris VI

Polyèdre
MARIN MONTAGUT
48 rue Madame - Paris VI

MARIN MONTAGUT
48 rue Madame - Paris VI

MARIN MONTAGUT
PARIS

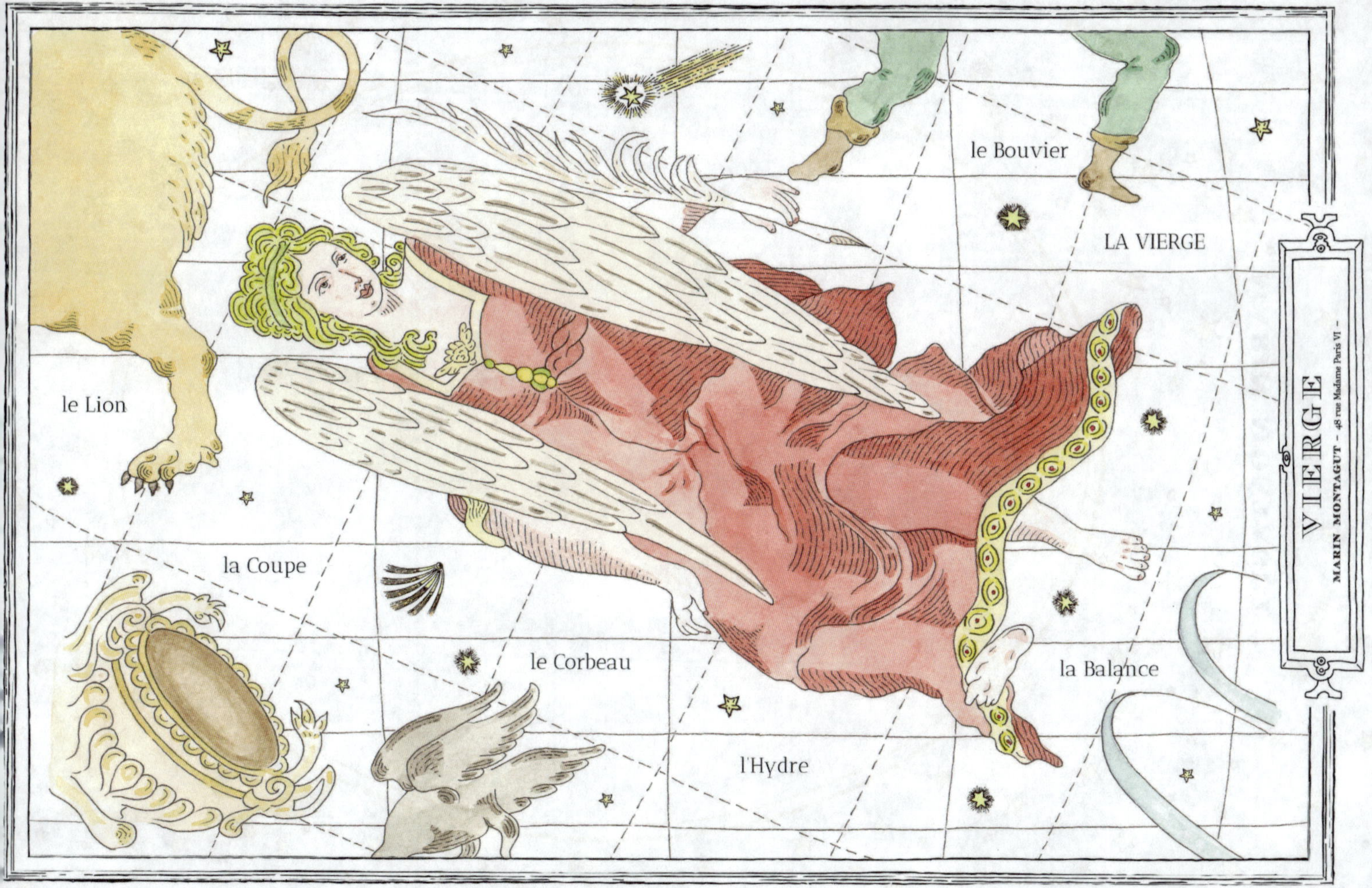
le Bouvier
LA VIERGE
le Lion
la Coupe
le Corbeau
la Balance
l'Hydre
VIERGE
MARIN MONTAGUT – 48 rue Madame Paris VI –

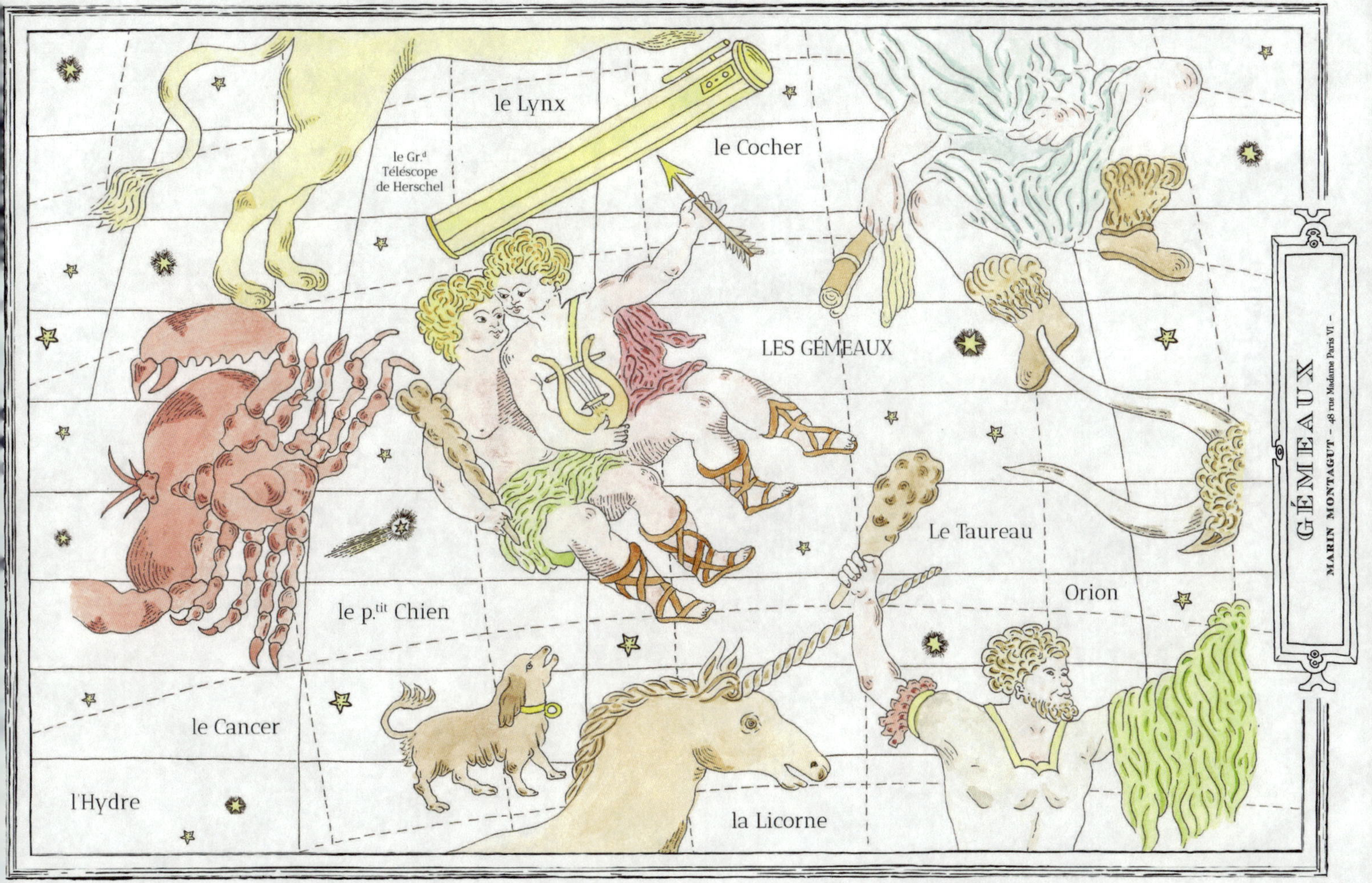
le Lynx
le Gr.d Téléscope de Herschel
le Cocher
LES GÉMEAUX
Le Taureau
Orion
le p.tit Chien
le Cancer
l'Hydre
la Licorne
GÉMEAUX
MARIN MONTAGUT – 48 rue Madame Paris VI –

MARIN MONTAGUT

PARIS

Poisson
Verseau
Lion
Bélier
Capricorne
Gémeaux
Balance
Cancer
Vierge
Scorpion
Sagittaire
Taureau
MARIN MONTAGUT
PARIS

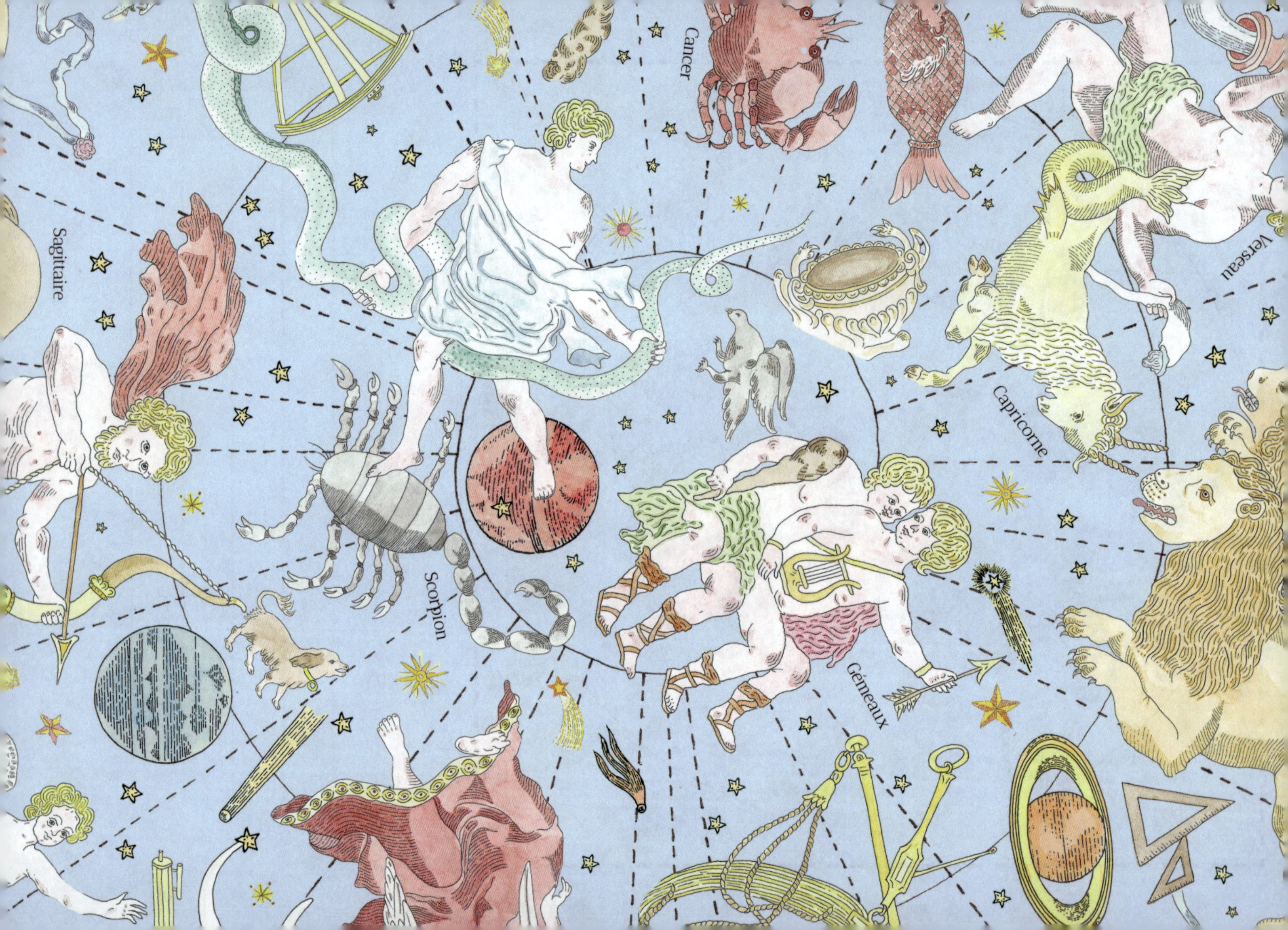
Cancer
Sagitaire
Verseau
Capricorne
Scorpion
Gémeaux

MARIN MONTAGUT
48 rue Madame - Paris VI

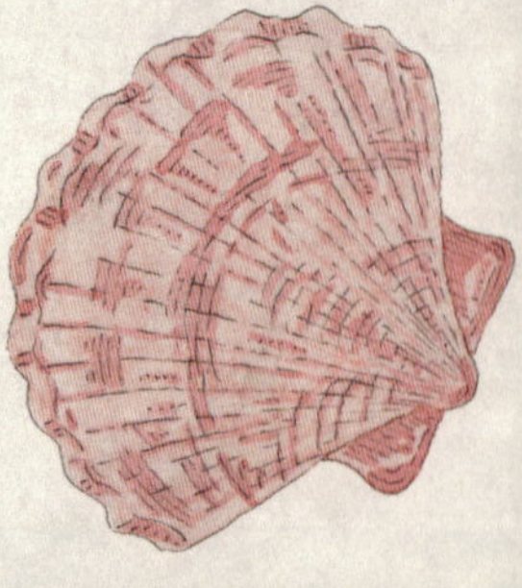

MARIN MONTAGUT

PARIS